AF643831

MAL MIT!
DIE KINDERMALSCHULE

Tanya Emelyanova

Willkommen zur Kindermalschule!

Malen ist eine farbenfrohe Art, deine eigene Welt zu erschaffen. In diesem Buch erfährst du, welche Werkzeuge und Materialien du brauchst, um loszulegen und was für witzige Farbspielereien es gibt! Die Seiten sind mit hunderten Motiven gefüllt, von niedlichen Tieren über leckeres Essen bis hin zu Flugzeugen und Planeten. Sieh dir all die tollen Themen an!

Werkzeuge & Materialien

Schaffe dir einen Arbeitsplatz zum Malen.
Lege etwas Zeitungspapier aus und greif diese wichtigen Materialien.

Pinsel
Sammle verschiedene Formen und Größen! Mehr Infos findest du auf Seite 19.

Farbpalette
Super zum Mischen von Farben. Ein Plastikteller tut es auch.

Gläser mit sauberem Wasser
Je einen Behälter, um Farben zu verdünnen und einen zum Ausspülen der Pinsel.

Malgrund
Du kannst auf Aquarellpapier,
Leinwand und vielem mehr
malen. Siehe Seiten 16–17.
Papierhand-
tücher
Zum Abwischen
von Pinseln und
Saubermachen.

VOR DEM MALEN

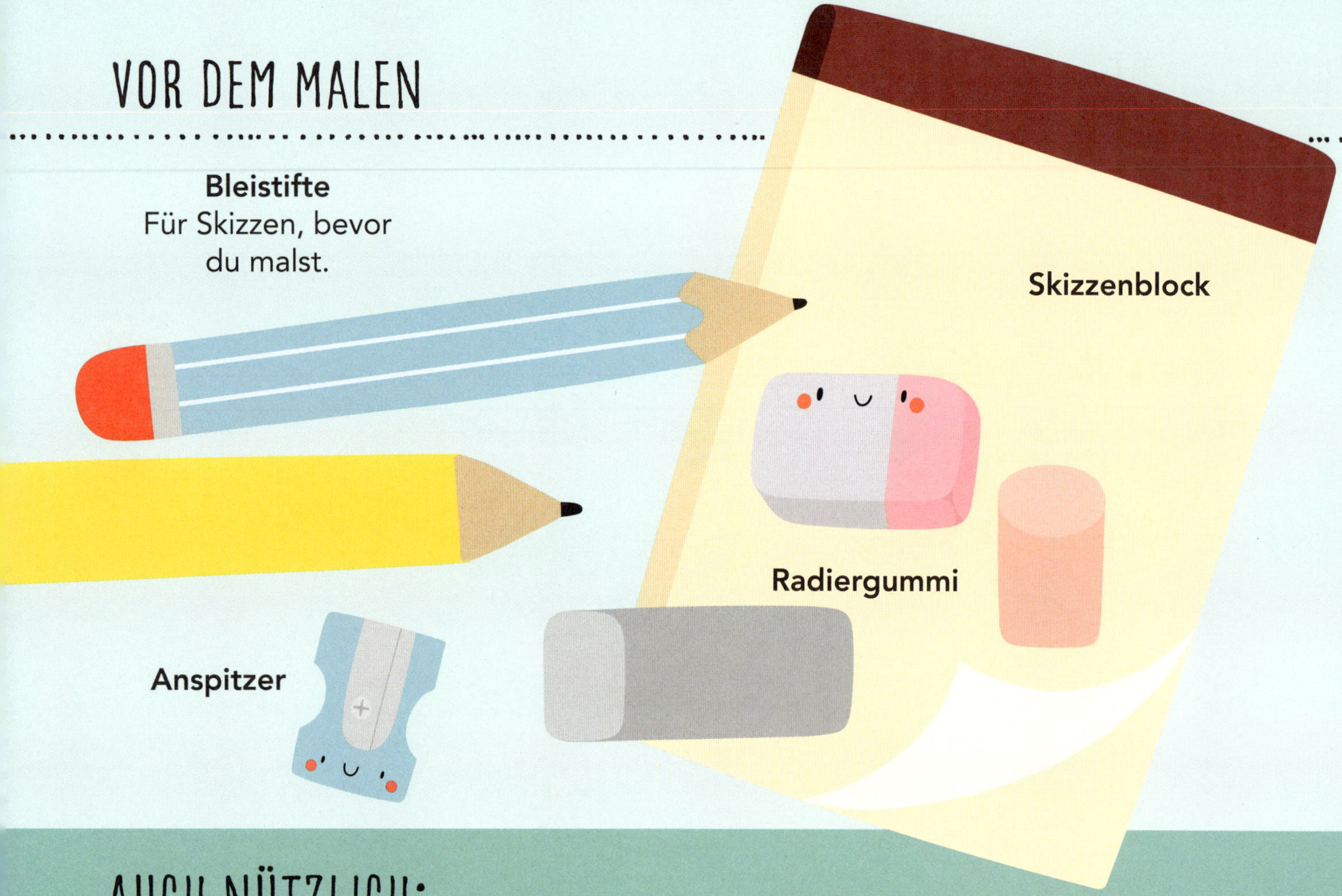

Bleistifte
Für Skizzen, bevor du malst.

Skizzenblock

Radiergummi

Anspitzer

AUCH NÜTZLICH:

Zahnbürste
Zum Spritzen von Farbe.

Haartrockner
Hilft Farbe schneller zu trocknen.

DETAILS ERGÄNZEN

Schwarzer Fineliner und weißer Gelstift
Zum Einzeichnen witziger Details.

Buntstifte
Zum Schattieren und für Details.

Schwämme und Schwammpinsel
Zum Gestalten cooler Texturen.

Der Farbkreis

Der Farbkreis sieht aus wie ein Regenbogen, der sich zu einem Kreis krümmt. Es ist ein Modell, das hilft zu verstehen, wie man Farben mischt. Es hilft auch beim Erkennen, welche Farben zusammen am besten aussehen.

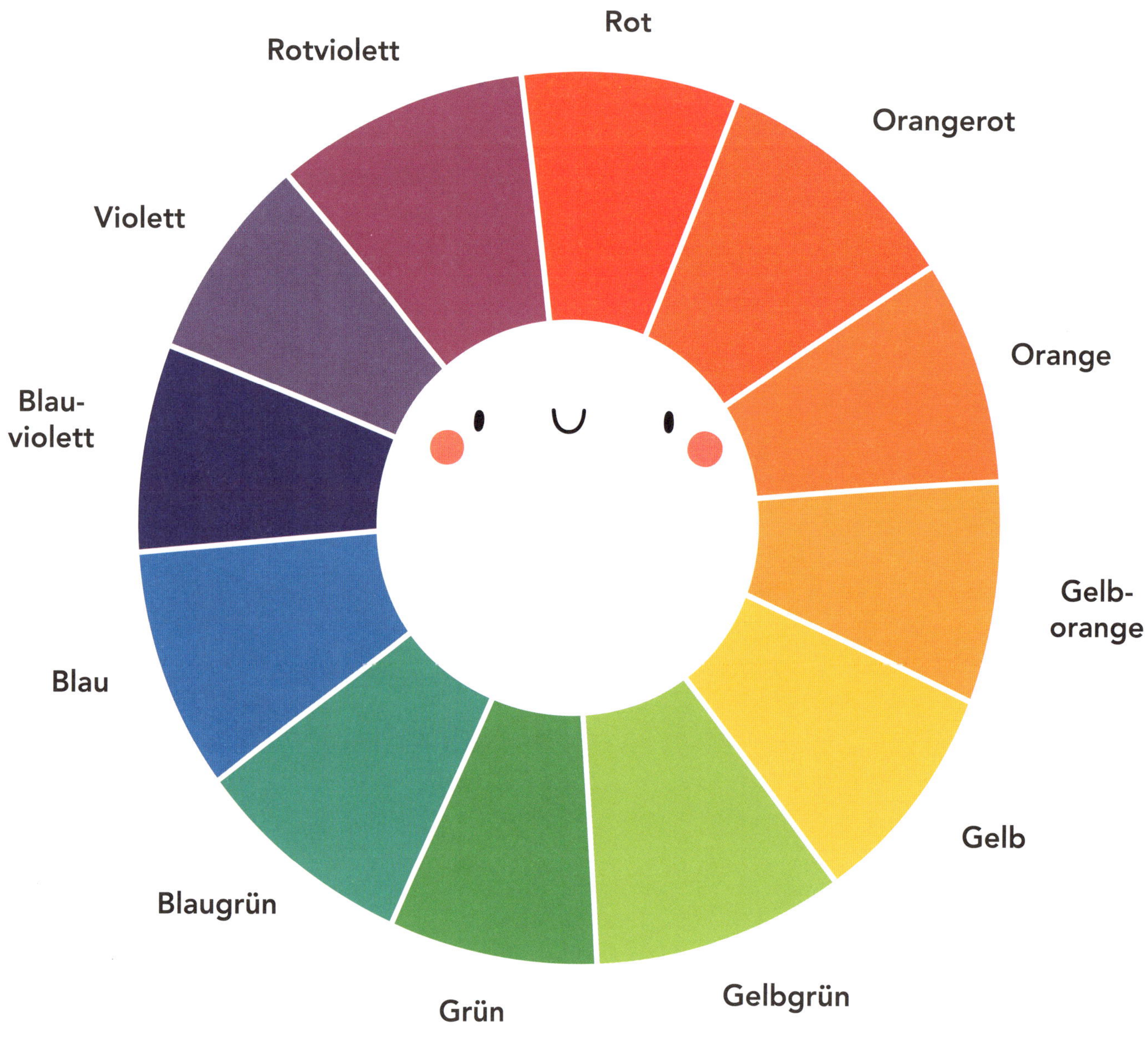

PRIMÄRFARBEN

Es gibt drei Grundfarben im Farbkreis: Rot, Gelb und Blau. Diese Farben können nicht durch Mischen anderer Farben hergestellt werden. Dafür kannst du mit ihnen so ziemlich jede andere Farbe deiner Wahl mischen!

SEKUNDÄRFARBEN

Es gibt auch drei Sekundärfarben im Farbkreis: Orange, Violett und Grün. Du kannst diese Farben durch Mischen von zwei Primärfarben herstellen.

KOMPLEMENTÄRFARBEN

Komplementärfarben befinden sich auf gegenüberliegenden Seiten des Kreises. Sie lassen einander leuchtender und intensiver aussehen, wenn sie in einem Bild nebeneinanderliegen.

Violett & Gelb

Orange & Blau

Rot & Grün

FARBEN MISCHEN

Eines der aufregendsten Dinge beim Malen ist es, neue Farben zu mischen. Wenn du zwei Primärfarben mischst, entsteht dabei eine Sekundärfarben (Orange, Grün und Violett):

Gelb + Rot = Orange

Blau + Gelb = Grün

Blau + Rot = Violett

Wenn du eine Primärfarbe mit einer Sekundärfarbe mischt, entsteht eine Tertiärfarbe (tertiär = ter-tsii-er). Das sind Gelborange, Orangerot, Rotviolett, Blauviolett, Blaugrün und Gelbgrün.

Gelb + Orange = Gelborange

Blau + Violett = Blauviolett

Rot + Orange = Orangerot

Blau + Grün = Blaugrün

Rot + Violett = Rotviolett

Gelb + Grün = Gelbgrün

HELLIGKEIT

Du kannst auch die Helligkeit einer Farbe ändern. Wenn du einer Farbe Weiß hinzufügst, wird diese aufgehellt. Aufgehellte Farben erscheinen leicht und weich.

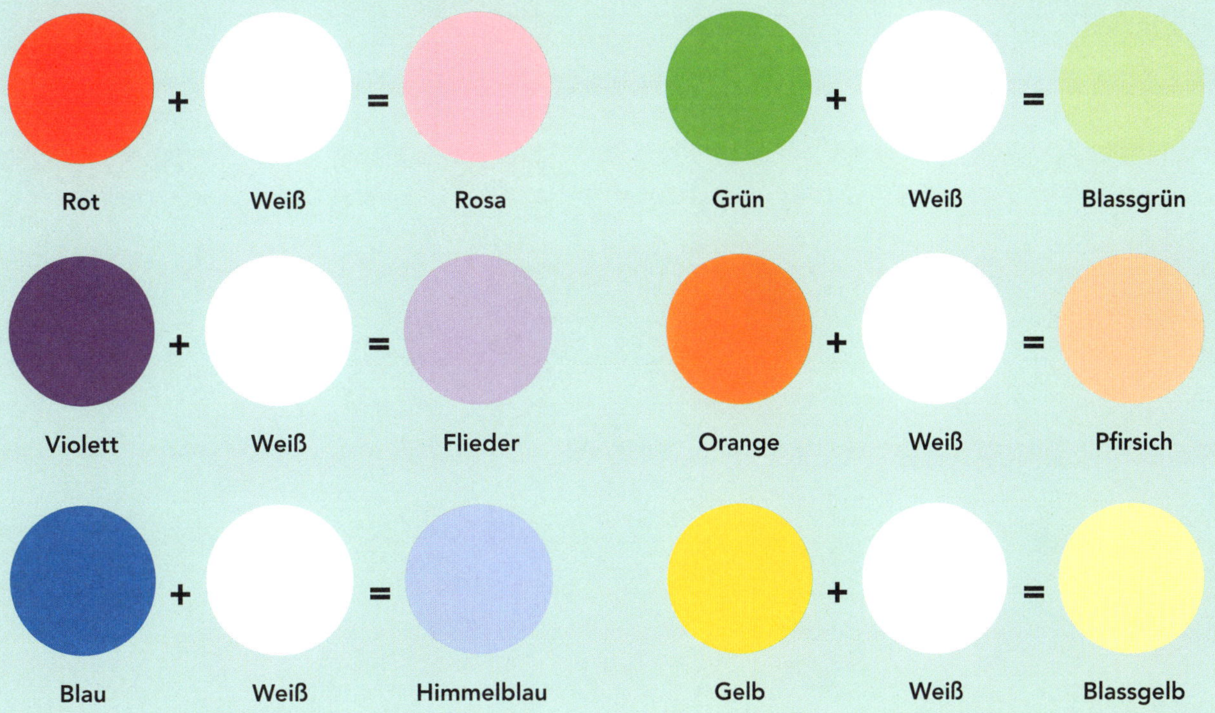

Mit Schwarz kannst du eine Farbe abdunkeln. Abgedunkelte Farben wirken tief und kräftig.

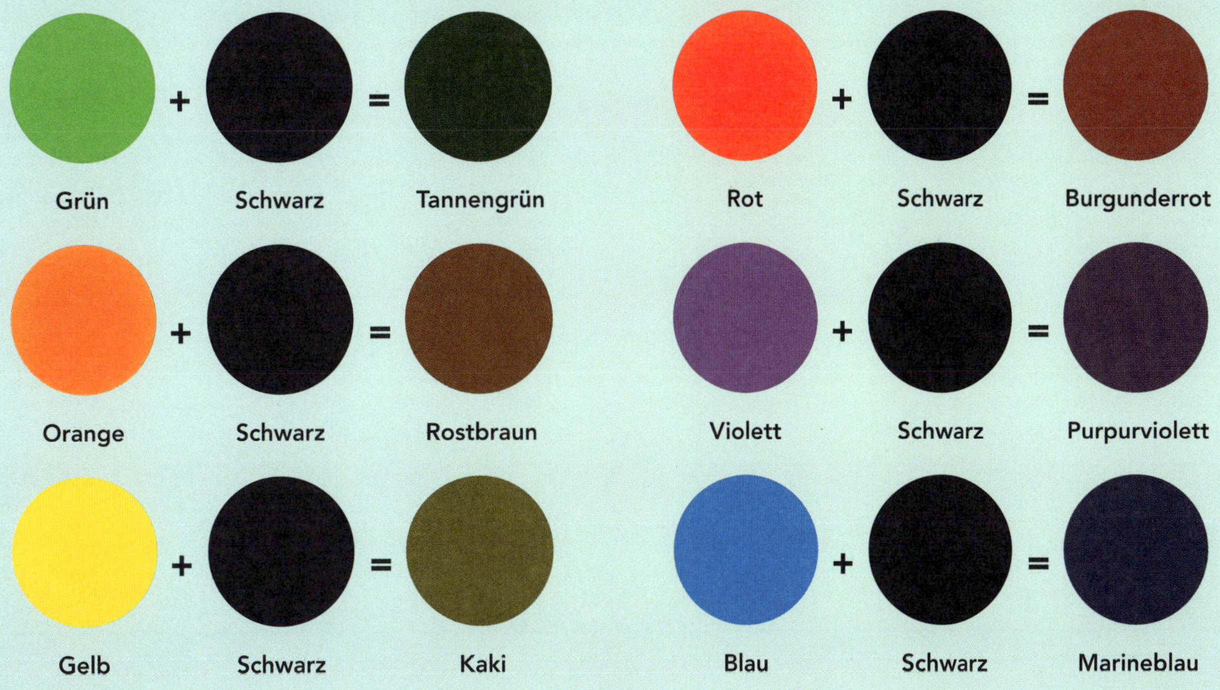

Welche Farben?

WASSERFARBE

Wasserfarben sind beliebte Farben. Füge einfach Wasser hinzu, um schöne Farbtöne zu erzeugen. Am besten benutzt du für diese Farben Aquarellpapier, welches so beschaffen ist, dass es nicht knittert und die Farbe nicht zu schnell einzieht.

Einige Wasserfarben gibt es als feuchte Farbe in Tuben. Gib etwas Farbe auf eine Palette oder einen Plastikteller und füge Wasser hinzu.

Wasserfarben gibt es auch in Näpfen mit trockener Farbe. Streiche mit einem nassen Pinsel darüber, um die Farbe zu aktivieren.

ACRYL & TEMPERA

Im Gegensatz zu Wasserfarben sind Acryl- und Temperafarben deckende Farben. Das bedeutet, dass du helle Farben über dunkle malen kannst, ohne dass die dunklen Farben durchscheinen. Sie eignen sich gut für die Motive in diesem Buch. Es gibt sie in Tuben, Flaschen und Töpfchen.

Acrylfarbe ist eine sehr dicke, schwere Farbe, die du mit Wasser verdünnen kannst. Pinsel und Paletten können mit Seife und warmem Wasser gereinigt werden. Aber Vorsicht: Acryl färbt Kleidung und ist nach dem Trocknen wasserfest.

Temperafarbe (auch Plakatfarbe) ist dickflüssig. Das Malen von Details ist so schwieriger und manche Temperafarben sind nicht so deckend wie Acrylfarben. Aber viele Temperafarben lassen sich leicht abwischen. Einige sind sogar auswaschbar.

WASSERFARBE VS. ACRYL

Wasserfarbe ist auf Papier leicht durchsichtig. Du kannst Farben heller machen, indem du einer Farbe mehr Wasser hinzufügst.

Acryl eignet sich hervorragend, um Farben übereinander zu malen – sogar helle Farben über trockene dunkle Farben.

WASSERFARBE

Wasser hinzufügen
Je mehr Wasser du der Wasserfarbe hinzufügst, desto mehr scheint das Papier durch, und desto heller wird die Farbe.

Streifenfrei
Mische die Farbe mit ein wenig Wasser. Streiche mit dem Pinsel über das Papier und überlappe die Striche für eine gleichmäßige Fläche.

Dunkel bis hell
Mische ein wenig Wasser mit der Farbe und beginne mit dunklen Strichen. Tauche den Pinsel vor jedem weiteren Strich in Wasser, um die Farbe schrittweise aufzuhellen.

Verläufe
Male mit einer Farbe nach der anderen und spüle den Pinsel dazwischen aus. Die Farben vermischen sich gleichmäßig miteinander.

Dick oder dünn
Du kannst dickflüssige Acrylfarbe mit Wasser verdünnen. Wenn sie dünnflüssig ist, fühlt sie sich wie Wasserfarbe an.

Streifenfrei
Mische die Farbe mit ein wenig Wasser. Benutze einen großen Pinsel, um das Papier gleichmäßig zu bemalen.

Verläufe
Male zuerst mit einer Farbe. Tauche dann den Pinsel in eine zweite Farbe und überlagere die Striche. Hier wird aus Rot und Blau ein dunkles Violett.

NOCH ETWAS ZU WASSERFARBE!

Je mehr Farben und Schichten du übereinander malst, desto dunkler wird sie. Aus diesem Grund eignet sich Wasserfarbe gut für Hintergründe, aber nicht um helle Farben über dunkle Farben zu malen. Nutze dafür Acryl- oder Temperafarben!

Worauf malen?

Nutze für Wasser- und Temperafarben am besten dickes Künstlerpapier, wie Aquarellpapier oder Malkarton. Acrylfarben kannst du auch auf Papier verwenden, aber sie eignen sich ebenso für andere Oberflächen, wie Leinwand, Stein, Holz und sogar Stoff!

Eine Staffelei stützt deine Malfläche, damit du in einem Winkel malen kannst. Acrylfarbe funktioniert am besten mit Staffeleien! Nasse Wasserfarbe könnte verlaufen.

Eine Leinwand ist ein Stoff, der auf einen Holzrahmen gespannt ist. Seine Oberfläche gibt der Farbe eine tolle Struktur.

Acrylfarbe funktioniert auch auf Holz. Du kannst Szenen auf Holzplatten malen und sogar Bilderrahmen verzieren.

Bemale T-Shirts und trage deine eigenen Kunstwerke. Spezielle Acrylfarbe für Stoff bleibt nach dem Trocknen flexibel.

Sammle Steine und schrubbe sie sauber. Dann kannst du sie mit Acrylfarbe bemalen. Manche Leute malen Blumen und Käfer, um damit ihre Gärten zu schmücken.

Erste Schritte

In diesem Buch gibt es jede Menge zu malen, aber versuch erst einmal, dich mit deinen Farben und Pinseln vertraut zu machen. Je mehr du übst, desto sicherer wirst du bei der Gestaltung jedes Bildes.

MISCHEN ÜBEN

Beginne mit den drei Grundfarben – Rot, Gelb und Blau – und übe dann, sie zu mischen, um deinen eigenen Farbkreis zu erstellen, wie auf Seite 8.

Experimentiere mit Dicke und Textur und male eine ganze Seite mit Kreisen in vielen verschiedenen Farben.

LINIEN, PUNKTE, STRICHE & WELLEN MALEN

Pinsel gibt es in vielen verschiedenen Größen und Formen. Übe, Linien von dick bis dünn zu malen. Versuche, Wellen- oder Zickzacklinien zu malen. Male Punkte in verschiedenen Größen. Das alles hilft dir später beim Malen von Details!

Formen sehen

Bevor du mit dem Malen beginnst, überlege dir, aus welchen Formen sich dein Motiv zusammensetzen lässt.

Manche Formen sind leicht zu erkennen:

Und bei anderen muss man genauer hinsehen:

Diese Formen solltest du dir merken, damit du sie beim Malen leicht erkennen kannst.

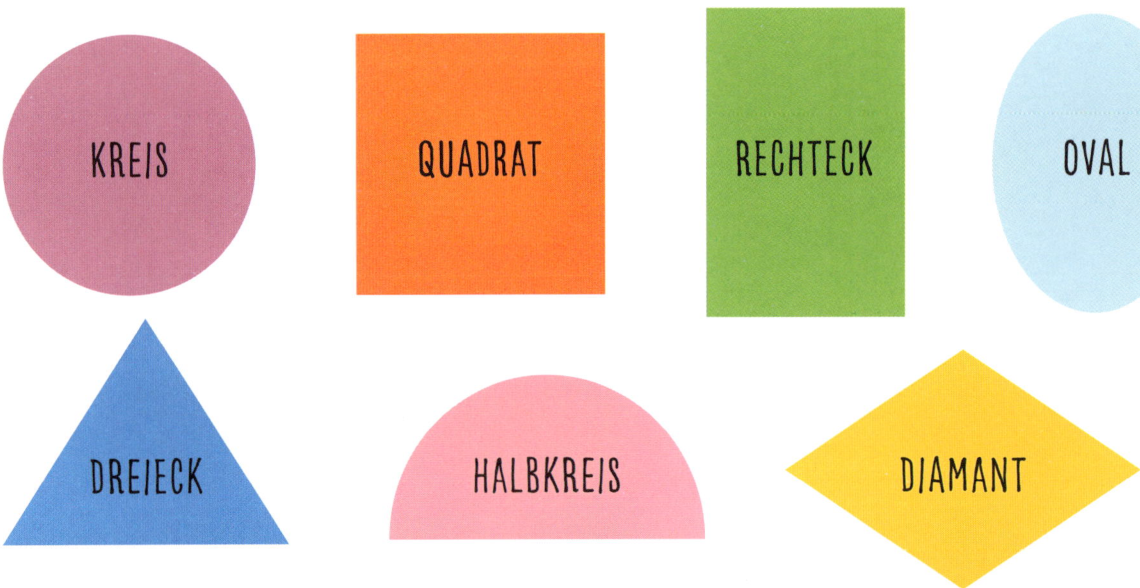

Manchmal sieht man auch andere Formen, wie diese:

Bohnenform

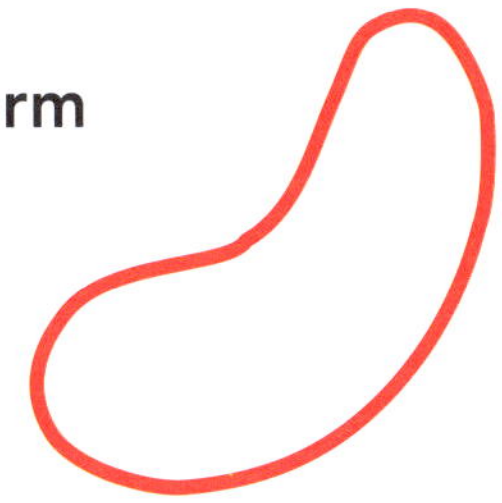

„M"-Form

Herzform

Tropfenform

Du wirst auch eine Vielzahl von Linien und Rändern sehen!

Wellen

Locken

Bogen

Mal mit! – So geht's

Zieh dir alte Kleidung oder eine Schürze an. Bereite Farben, Malunterlage und Pinsel vor. Such dir ein Projekt im Buch aus und schlag die Seite auf.

Viele Künstler malen gerne über eine Skizze. Vielleicht möchtest du das auch tun. Zeichne mit einem Bleistift zart die wichtigsten Linien und Formen deines Motivs.

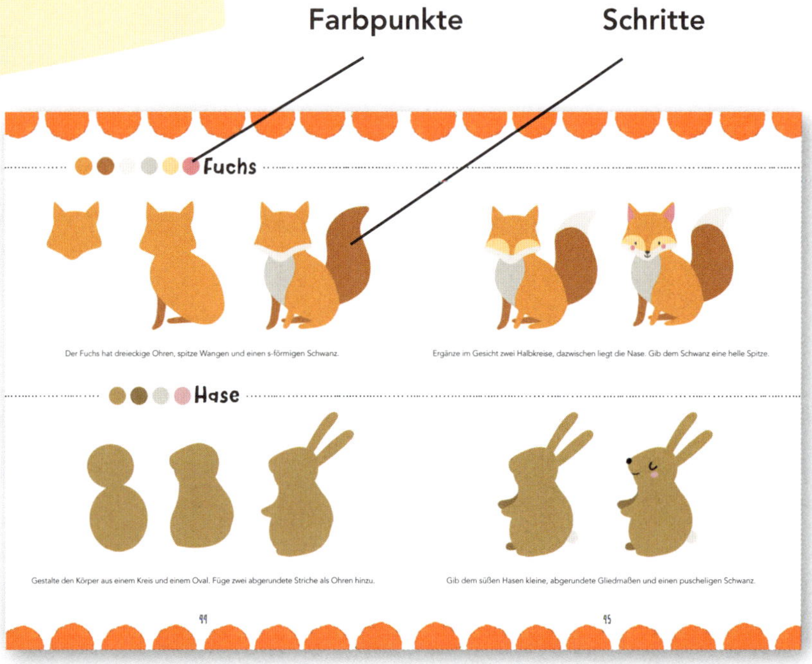

Wähle deine Farben. Über den Schrittbildern siehst du eine Reihe von Farbpunkten. Diese zeigen dir, welche Farben für jedes Motiv verwendet wurden. Doch du kannst alle Farben nutzen, die du willst!

Die Farbpunkte für jedes Projekt sind nur Vorschläge. Willst du eine violette Katze malen? Einen blauen Apfel? Das ist auch in Ordnung! Schau dir die Bilder unten an. Wie wirkt jedes von ihnen auf dich im Vergleich zu den anderen?

SCHRITT FÜR SCHRITT

Folge den Schritten der Reihe nach und sieh, wie deine Bilder zum Leben erwachen!

1

Finde die Grundformen.

2

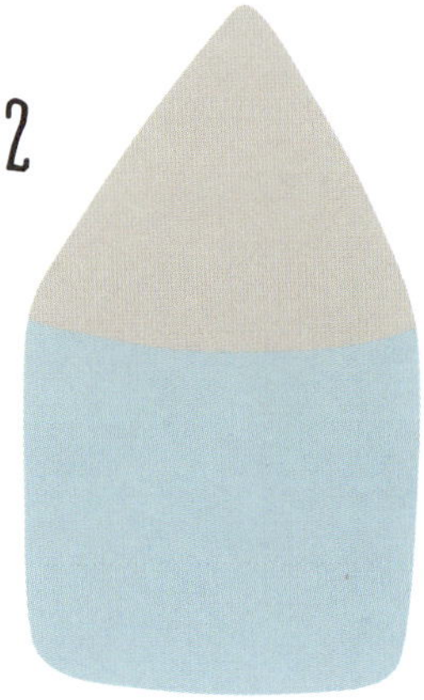

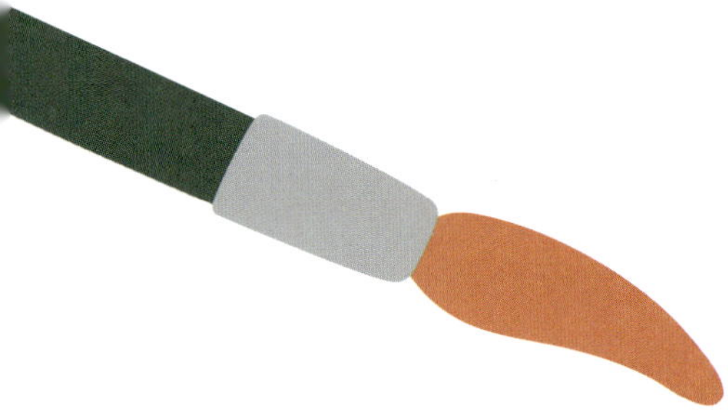

3

4

5

6

Benutze einen feinen Pinsel, um Details hinzuzufügen.

7

Verwende einen schwarzen Stift mit feiner Spitze, um weitere Details einzuzeichnen.

Versuche, Farben miteinander zu vermischen, um einen coolen Effekt zu erzielen.

Finger-stempeln

Pferd

Beginne mit zwei Fingerabdrücken, die sich überlappen.
Zeichne das Gesicht. Verwende kurze Linien für Mähne und Schweif. Ergänze Punkte als Flecken.

Schaf

Das Schaf bekommt eine u-förmige Nase und einen lockigen Schopf auf dem Kopf.

Mit Fingerabdrücken kannst du bezaubernde kleine Bilder machen! Dazu tauchst du deinen Finger in nasse Farbe. Tupfe überschüssige Farbe auf ein Stück Papier ab. Dann drückst du deinen Finger auf die Malfläche! Wasche deine Hand und lass die Farbe trocknen. Mit einem schwarzen Fineliner kannst du die kleinen Details ergänzen.

! DIE FARBE WIRD DEINE HAUT BERÜHREN! VERWENDE DARUM NUR UNGIFTIGE, KINDGERECHTE FARBEN.

Ziege

Stemple für diese Ziege zwei Fingerabdrücke.
Ergänze ovale Ohren, ein „U“ für den Schwanz und zwei spitze Hörner.

Kuh

Gestalte die Kuh mit zwei verschiedenen Farben! Den Mundbereich stempelst du mit deinem Daumen.

Huhn

Stelle Flügel und Federn mit geschwungenen Linien dar. Der Schwanz ist ein Halbkreis.

Schwein

Mach einen Fingerabdruck. Gib dem Schwein dreieckige Ohren und einen Ringelschwanz.

Katze

Zeichne Schnurrhaare, Streifen und einen dünnen Schwanz für diese Katze.

Hund

Ergänze Schnauze, Ohren und Schwanz. Vergiss nicht die Linien für das Halsband.

Ergänze den Kamm sowie den Schnabel mit Lappen. Mach kurze Linien für die Halsfedern.

Zeichne den Rüssel als einfachen Kreis und ergänze zwei Punkte für die Nasenlöcher.

Zeichne dreieckige Ohren und oben auf den Kopf drei Streifen.

Maus

Gib dieser kleinen Maus runde Ohren, eine spitze Nase und einen Schwanz.

Waschbär

Zeichne zwei schwarze Kreise für die „Maske". Ergänze Nase, Mund und Ohren.

Fuchs

Forme den dreieckigen Kopf aus zwei Fingerabdrücken. Zeichne Linien für das Fell.

Hase

Dieser Hase hat lange, dünne Ohren und Fell an den Wangen.

Bär

Zeichne deinem Bären eine breite Nase und zwei runde Ohren.

Hirsch

Der Hirsch hat zwei Punkte für die Augen und spitze Ohren. Setze ihm ein Geweih auf.

Eule

Die Eule hat eine v-förmige Zeichnung zwischen den Augen. Füge Federohren und Halsfedern hinzu.

Igel

Zeichne ein kleines, spitzes Gesicht und ergänze kurze Linien für die Stacheln.

Frosch

Dieser Frosch besteht aus drei Fingerabdrücken. Er hat Augen oben auf dem Kopf, einen breiten Mund und große Füße. Füge ein paar Punkte als Flecken hinzu.

Spinne

Zeichne einen ovalen Kopf und acht gebogene Beine. Die kurzen Linien sind Haare auf dem Körper.

Grashüpfer

Der Grashüpfer hat lange, gebogene Hinterbeine zum Springen. Füge lange Fühler hinzu.

Biene

Streifen, Flügel, Fühler und ein Lächeln – mehr braucht diese Biene nicht!

Schmetterling

Mach vier Fingerabdrücke für die Flügel. Zeichne einen Körper und Flügel mit Kreisen und Punkten.

Schnecke

Die Schnecke hat zwei Fühler mit je einem Kreis. Zeichne eine Spirale für das Schneckenhaus.

Marienkäfer

Stemple zwei Fingerabdrücke für den Marienkäfer. Füge die großen schwarzen Punkte hinzu.

Floh

Zeichne zwei Kreise für die Körpermitte und den Kopf. Ergänze sechs Beine und zwei Fühler.

Raupe

Verbinde für den Körper eine Reihe von Fingerabdrücken. Nutze kleine Striche für winzige Füße.

Blumen

Stemple die Blume aus drei sich überlappenden Fingerabdrücken. Ergänze die Details.

Blatt

Ein Stiel und v-förmige Adern genügen, um dieses Blatt zum Leben zu erwecken.

Wal

Zeichne Schwanz, Flosse und ein breites Maul. Ergänze die Wasserspritzer über dem Kopf.

Qualle

Gib dem Kopf einen gezackten Rand. Verwende dann gewellte Linien für die Tentakel.

Verwende zwei Farben und drei Fingerabdrücke für die Blüte.
Ergänze Schleifen als Blätter und eine paar Punkte.

Fisch

Füge eine Kiemenlinie, einen Schwanz und zwei Flossen hinzu, dazu c-förmige Schuppen.

Oktopus

Gestalte viele Tentakel für den Oktopus. Ergänze Punkte als Flecken.

Robbe

Zeichne das niedliche Gesicht der Robbe. Füge dann kleine u-förmige Flossen und den Schwanz hinzu.

Löwe

Gestalte Kopf und Körper mit drei Fingerabdrücken. Der Schwanz hat am Ende ein kleines Fellbüschel.

Elefant

Verwende einen Fingerabdruck für den Kopf und zwei für die Ohren! Ergänze Rüssel und Ohrenfalten.

Krokodil

Mit einem Stück Schmierpapier verhinderst du, dass die obere Hälfte der Abdrücke übertragen wird. Gestalte den Rücken mit Zacken.

U-Boot

Zeichne Fenster, Propeller und Periskop. Verziere das U-Boot mit zwei gepunkteten Linien.

Füge eine lange Nase und viele kurze Linien um den Kopf für die Mähne hinzu.

Giraffe

Die Giraffe hat zwei Hörner. Ergänze dünne Ohren, ein breites Lächeln und große Nüstern.

Die Augen befinden sich oben am Kopf. Füge einen breiten Mund,
dreieckige Zähne und die Nasenlöcher hinzu.

Traktor

Gestalte eine „L"-Form mit zwei Fingerabdrücken. Füge Räder, Fenster und Auspuffrohr hinzu.

Feuerwehr

Ergänze Kreise für die Räder und einen hohen Bogen für das Fenster. Vergiss die Leiter nicht!

Betonmischer

Kippe deinen Fingerabdruck für die Mischtrommel. Verziere sie mit diagonalen Linien.

Auto

Zeichne Kreise für die Räder und einen Bogen für das Fenster. Ergänze die Details.

Flugzeug

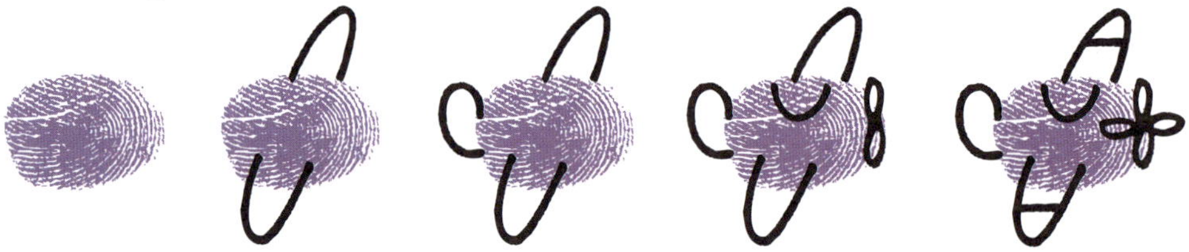

Zeichne diagonale „U“-Formen für die Flügel und ein c-förmiges Heck. Der Propeller bildet ein Kreuz.

Schulbus

Der Schulbus ist lang. Gestalte die Front und eine Reihe kleiner Quadrate als Fenster.

Lieferwagen

Zeichne Räder und ein großes Fenster. Füge zwei Linien am Anhänger hinzu.

Hubschrauber

Zeichne die Kufen und ergänze ein Oval für den Rotor. Füge die restlichen Details hinzu.

Panzer

Gestalte die Kette mit Laufrollen. Verwende Punkte für den unebenen Rand.

Tiere

Bär

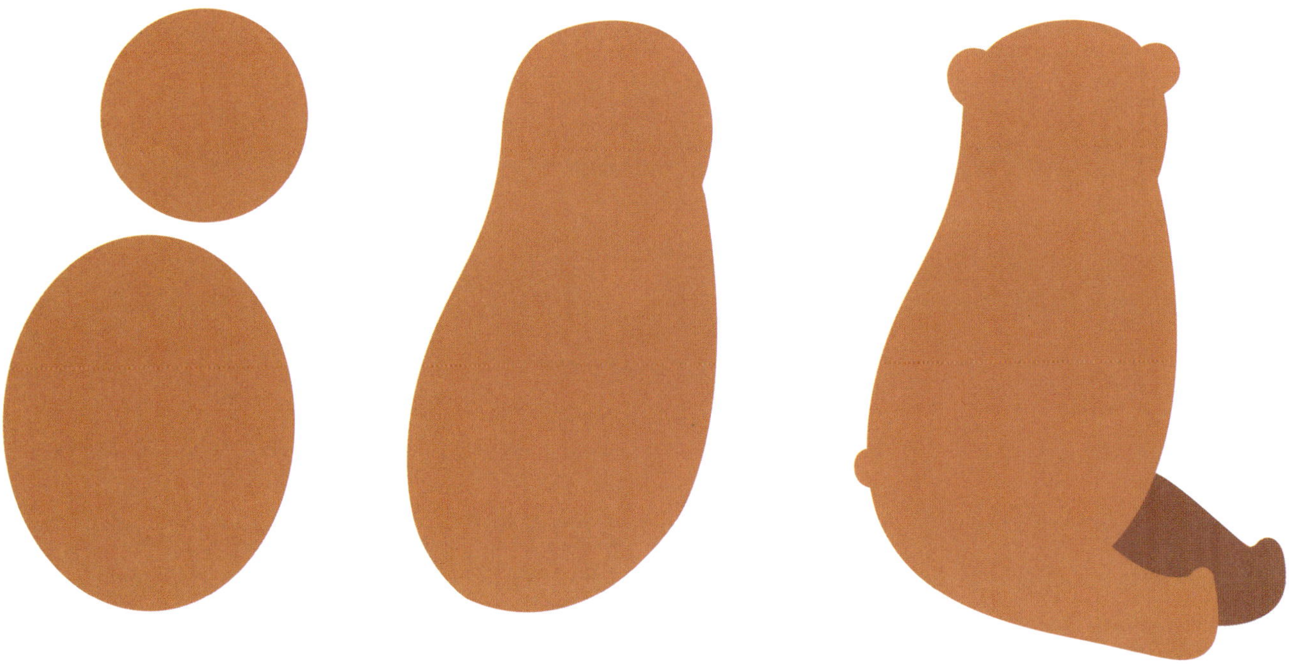

Beginne mit einem kreisförmigen Kopf und einem ovalen Körper. Ohren und Schwanz sind Halbkreise.

Von allen Motiven, die du malen kannst, machen Tiere womöglich am meisten Spaß! Du wirst es lieben, sie zum Leben zu erwecken und ihnen eine eigene Persönlichkeit zu geben. Von kuscheligen Haustieren bis hin zu wilden Tieren und Meeresbewohnern – entdecke sie alle!

Mal die Arme und Beine. Die Unterseiten der Pfoten und die Schnauze sind oval. Zeichne Krallen ein.

Fuchs

Der Fuchs hat dreieckige Ohren, spitze Wangen und einen s-förmigen Schwanz.

Hase

Gestalte den Körper aus einem Kreis und einem Oval. Füge zwei abgerundete Striche als Ohren hinzu.

Ergänze im Gesicht zwei Halbkreise, dazwischen liegt die Nase. Gib dem Schwanz eine helle Spitze.

Gib dem süßen Hasen kleine, abgerundete Gliedmaßen und einen puscheligen Schwanz.

Maus

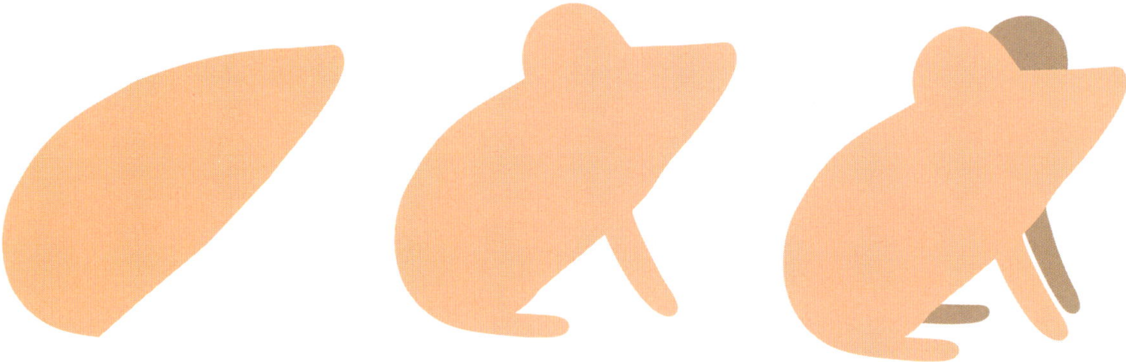

Der Körper der Maus hat eine Tropfenform. Verwende Halbkreise für die Ohren.

Eule

Male einen abgeflachten Kreis für den Kopf und ein großes Oval für den Rumpf.
Die Flügel sind bohnenförmig.

Zeichne eine dünne, gebogene Linie für das Hinterbein.
Der lange Schwanz hat eine umgekehrte „S"-Form.

Male den Ast als langes Rechteck mit zwei kurzen Zweigen und einem Blatt. Ergänze spitze Ohren und Ovale für die Augen. Male fürs Gefieder dünne Linien auf die Flügel und kurze Linien auf die Brust.

Waschbär

Die helle Fellzeichnung bildet eine Herzform. Male dicke Streifen auf den flauschigen Schwanz.

Hirsch

Gib deinem Hirsch ein spitzes Gesicht und lange Beine.
Ohren und Schwanz sind geschwungene Dreiecke.

Male Ovale für die „Maske". Der Waschbär scheint Handschuhe und Socken zu tragen.

Male den hellen Bauch und zeichne das Geweih mit kurzen, dünnen Strichen.
Füge Flecken auf dem Rücken hinzu.

Kuh

Die Kuh hat einen ovalen Körper, dreieckige Ohren und einen u-förmigen Schwanz.

Pferd

Dieses tänzelnde Pferd hat ein langes Gesicht, dreieckige Ohren und hebt ein Vorderbein.

Gestalte das Gesicht und füge das Euter und die Flecken hinzu. Zuletzt kommen Hörner und Hufe.

Füge eine wallende Mähne und einen hohen Schweif hinzu. Arbeite Ohren und Hufe aus.

Ziege

Der Körper wölbt sich ein wenig wie ein „U“.
Füge Schwanz, Ohren und Beine hinzu – ein Hinterbein ist angehoben.

Gans

Die Gans hat einen langen Hals, einen Dreiecksschnabel und einen kleinen Schwanz.
Zeichne Details mit dünnen Linien.

Schwein

Beginne mit einem Oval. Füge Beine, Ohren und den Schwanz hinzu.
Gib dem Schwein eine runde Schnauze und Hufe.

Male helle Fellzeichnungen auf Gesicht und Bauch.
Füge das Euter, eine Glocke und spitze Hörner hinzu.

Huhn

Beginne mit einer Bohnenform. Füge Flügel, einen Schwanz und den Kamm oben auf dem Kopf hinzu.

Schaf

Male einen Kreis mit Lockenrand. Gib dem Schaf Schlappohren und einen lockigen Schopf.

Hundegesichter

Dieser Hund hat eine kantige Schnauze und kleine Ohren. Die Bogen am Kiefer deuten das Fell an.

Mal das Fell des Hundes mit runden Rändern. Die lockigen Haare verdecken die Augen.

Dieser Welpe hat dreieckige Ohren und spitze Wangen.

Hunderassen können sehr unterschiedlich aussehen, von der Farbe ihres Fells bis zur Form ihrer Ohren. Versuche, weitere vierbeinige Freunde zu malen.

Bulldogge

Beginne mit einem Kreis für den Kopf und ergänze den Körper. Die Beine sind sehr kurz.

Mops

Möpse haben große Köpfe und kleine Körper. Füge dunkle, dreieckige Ohren und eine rundliche Schnauze hinzu. Der Kringelschwanz hat eine „C"-Form.

Zeichne den großen, hängenden Mund und den Stummelschwanz. Ergänze Falten mit dünnen Linien.

Male dünne Linien (oder nutze einen Marker), um Beine und Falten darzustellen.

Corgi

Der Corgi hat einen sehr langen Körper, kurze Beine und große Dreiecke als Ohren.

Zwergspitz

Gestalte Kopf und Körper mit Locken. Ergänze winzige Ohren, kurze Beine und den hohen Schwanz.

Male die Fellzeichnung am Kopf und an der Brust. Helle die Innenseiten der Ohren auf.

Male die helle untere Gesichtshälfte als lockige Form.
Gestalte die Innenseiten der Ohren und zeichne das kleine Gesicht.

Katzengesichter

Beginne mit einem Kreis und füge die zwei Ohren hinzu. Male eine dunkle Fellzeichnung.

Diese Katze hat spitze Wangen und spitze Ohren. Zeichne die Schnurrhaare ein.

Diese Katze hat eine dreieckige Fellzeichnung auf dem Kopf. Ergänze dazu die Streifen.

Der Kopf dieser Katze ist oben breiter als unten. Male die weiße Fellzeichnung ins Gesicht.

Katzen

Diese liegende Katze ist ganz rund und hat kleine Beine. Ergänze das Halsband.

Male dreieckige Ohren und den langen, dünnen Schwanz. Nase und Mund bilden ein „X".

Die stehende Katze entsteht aus einer dicken „L"-Form. Male ihr einen aufrechten Schwanz.

Beginne die sitzende Katze mit einer Bohnenform und ergänze den s-förmigen Schwanz.

Frosch

Beginne mit einem runden Kopf und runden Augen. Male zwei Vorderbeine mit langen Zehen.

Schildkröte

Zuerst malst du einen Halbkreis. Ergänze eine dunkle Unterseite, Beine, Schwanz, Hals und Kopf.

Sittich

Male eine hohe, runde Form mit Tropfen für die Flügel. Ergänze Schwanz- und Halsfedern.

Füge nun die großen Hinterbeine und den Bauch hinzu. Male Punkte als Flecken.

Gestalte den Panzer mit abgerundeten Rechtecken. Ergänze eine dicke Unterkante.

Male die kleinen Füße und ein Dreieck für den Schnabel. Zeichne die Details am Kopf.

Wal

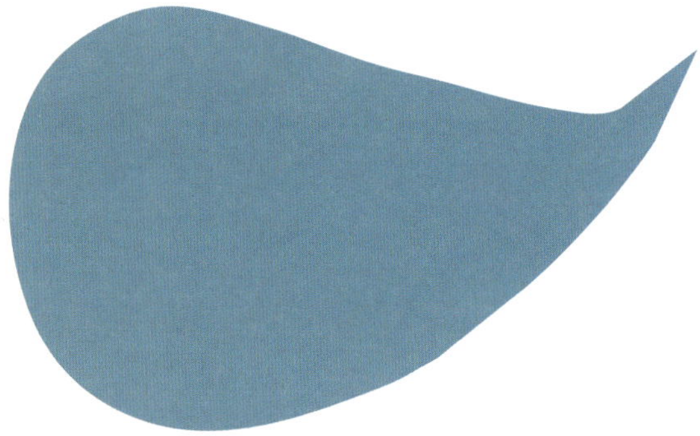

Beginne mit einer dicken Tropfenform.

Zwei kleinen Tropfen bilden den Schwanz. Ergänze die Flosse und einen hellen Bauch.

Gestalte den Körper mit Flecken. Mit dünnen Linien stellst du die Furchen am Bauch dar.

Delfin

Beginne mit einer dünnen Tropfenform.

Male einen spitzen Schwanz, die Flossen und die runde Schnauze.
Ergänze den Schatten an der Unterseite.

Male einen hellen Bauch und füge auf dem Kopf einen Punkt für das Blasloch hinzu.

Hammerhai

Beginne mit einer dicken „J"-Form. Ergänze den Schwanz und arbeite den Kopf aus.
Male einen hellen Bauch.

Weißer Hai

Nase und Körper sehen aus wie ein Blatt. Die Flossen und der Schwanz sind hakenförmig.

Walhai

Beginne mit einer gebogenen Tropfenform. Ergänze den Schwanz und die spitzen Flossen.

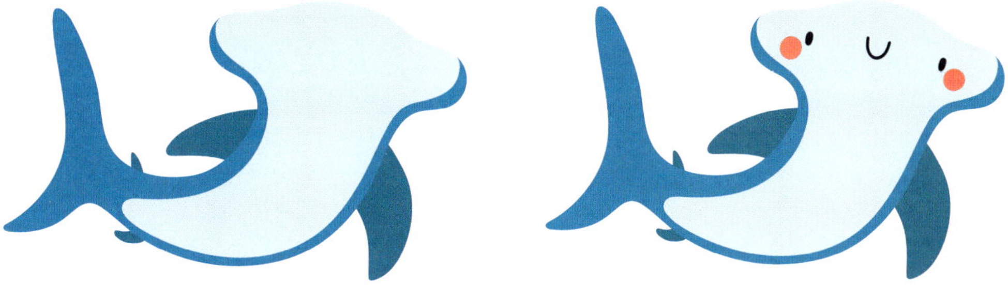

Male zwei Paar Flossen – ein großes Paar und ein kleines in der Nähe des Schwanzes.

Male den hellen Bauch und zeichne das Gesicht ein.

Gestalte das breite Gesicht als Bohnenform. Zeichne zuletzt die Flecken und das Lächeln.

Oktopus

Beginne mit einem Oval, an dass du unten acht lange Tentakel malst.

Gestalte die helle Unterseite jedes Tentakel mit einem dünnen Streifen.
Gib dem Oktopus Punkte auf dem Kopf.

Narwal

Beginne mit einer geschwungenen Form. Füge Flossen und Schwanz hinzu.

Male einen langen, unebenen Stoßzahn auf den Kopf. Ergänze den hellen Bauch.

Zeichne dünne, diagonale Linien als Rillen auf den Stoßzahn. Male Flecken auf den Rücken.

Seestern

Male einen Kreis und ergänze die fünf runden Arme. Füge für einen 3-D-Effekt Schatten hinzu.

Qualle

Male einen Halbkreis mit gewellter Unterkante. Ergänze sechs Tentakel.
Male einen weiteren Halbkreis im Inneren.

Meeresschildkröte

Der Panzer sieht wie ein Blatt aus. Füge Flossen und den Kopf mit langem Hals hinzu.

Krebs

Beginne mit dem runden Körper. Ergänze die geschwungenen Beine und spitzen Zangen.
Male zwei Stielaugen.

Seeigel

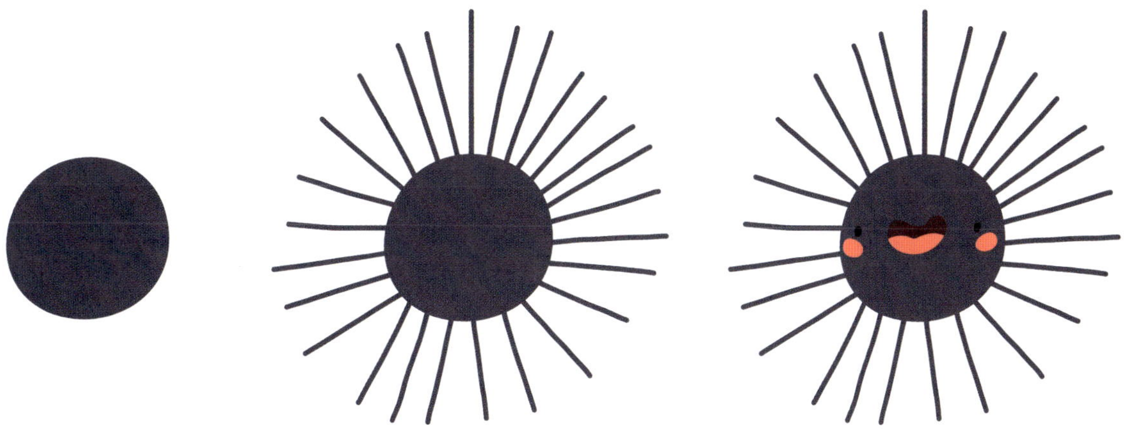

Beginne mit einem Kreis. Umringe ihn mit dünnen Strichen.
Er sieht aus wie eine strahlende Sonne.

Verwende sehr dünne Striche (oder einen Marker!), um das Muster auf dem Panzer zu zeichnen.

Fische

Beginne diesen Fisch mit einem Oval. Male Flossen und Schwanz mit kurzen Strichen.

Dieser Skalar hat einen dreieckigen Körper, eine spitze Nase und lange Streifen.

Der Mondfisch ist ein halbes Oval mit gewelltem Rand. Ergänze drei Flossen und ein paar Punkte.

Von Korallen über winzige Muscheln bis zu riesigen Walen,
im Ozean gibt es eine Vielzahl von Lebewesen.
Versuche, diese Meeresbewohner zu malen.

Eisbär

Dieser niedliche Bär hat eine spitze Schnauze und ein abgerundetes Hinterteil.

Pinguin

Beginne mit einem Kreis für den Kopf und ergänze den runden Körper. Das Gesicht ist nahezu herzförmig.

Seehund

Verbinde einen Kreis mit einer Tropfenform. Füge ein unebenes „V" als Schwanz hinzu.

Ein Vorderbein ist angehoben. Ergänze das hintere Ohr und gestalte das Gesicht.

Male drei kurze Striche für jeden Fuß und füge einen kleinen Schnabel hinzu.

Male gebogene Flossen. Zeichne Linien für die Schnurrhaare und Punkte auf die Haut.

Verbinde Kopf und Körper mit einem langen, gebogenen Hals. Der Körper läuft hinten spitz zu.

Kopf und Körper sind wie eine Erdnuss geformt. Ergänze Flügel, Schwanz und Schnabel.

Flamingo

Füge den hakenförmigen Schnabel und die langen Beine hinzu. Das Knie ist nach hinten gebogen.

Tukan

Nutze viele Farben für diesen tropischen Vogel! Gestalte den Zweig mit ein paar Blättern.

Faultier

Beginne mit einem Kreis für den Kopf. Die Arme und Beine sind rund und gebogen wie Bohnen.
Male den dicken Ast als ein Rechteck und ergänze das helle Gesicht.

Panda

Zeichne zunächst den großen runden Kopf und Körper des Pandas.
Füge halbkreisförmige Ohren, gebogene Arme und stiefelartige Beine hinzu.

Male die dunkleren Gesichtspartien. Füge mit dünnen Strichen lange Krallen hinzu.
Gestalte den Ast mit Zweigen und Blättern.

Male die Fellzeichnung der Augen und einen Kreis in der Mitte des Gesichts.
Gib dem Panda einen Bambuszweig mit Blättern.

Koala

Beginne mit einem Kreis für den Kopf. Ergänze plüschige Ohren. Male den Körper um den Baumstamm.

Lama

Das Lama hat einen sehr langen Hals! Male Wellenlinien für das lockige Fell. Die Ohren sind Dreiecke.

Male Ovale in die Ohren. Arbeite Arme und Beine sowie das Kinn mit dünnen Linien aus.

Ergänze vier kleine Füße und binde ein dekoratives Tuch um den Hals des Lamas.

Zebra

Das Zebra hat einen rundlichen Kopf und Körper. Ein Bein ist angewinkelt. Ergänze ein Ohr und den Schwanz.

Die Hufe werden nach unten breiter. Male die Stehmähne, einen Puschelschwanz und lauter Streifen!

Löwe

Male ein Oval für den Körper und einen Kreis für die Mähne.
Der s-förmige Schwanz ist lang und dünn.

Gestalte Kopf, Nase und Ohren als runde Formen. Ergänze die Vorderbeine und Krallen.

Elefant

Der Elefant hat einen breiten Körper und rechteckige Beine.
Das Ohr und das Ende des Rüssels sind wie eine Bohne geformt.

Male kurze, dünne Linien, um Falten an den Knien und am Rüssel darzustellen.
Die Wasserspritzer sind tropfenförmig.

Tiger

Der Kopf ist ein abgerundetes Dreieck. Füge den geschwungenen Schwanz hinzu.

Male halbkreisförmige Ohren und das helle Fell. Ergänze einen Kreis mitten im Gesicht.

Male schwarze Linien für die Streifen und Krallen. Gestalte das Gesicht mit Schnurrhaaren.

Giraffe

Die Giraffe hat einen langen Hals, einen dünnen Schwanz und lange Beine. Male Kopf und Ohren als Dreiecke.

Krokodil

Das Krokodil hat einen langen Körper und Schwanz. Der Kopf ist rechteckig mit runden Augen.

Gestalte die Hörner als kurze Linien mit Kreisen am Ende.
Male dann Flecken, Hufe, Puschelschwanz und das Innere des Ohrs.

Male den Bauch und ergänze dreieckige Stacheln auf dem Rücken.
Zeichne die Augen, Nasenlöcher und ein breites Maul ein.

Menschen

Gesichter

Beginne mit einem Oval und füge Halbkreise für die Ohren hinzu. Ergänze drei Striche als Haare.

Beim Malen von Menschen kannst du mit vielen lustigen Dingen experimentieren, zum Beispiel mit Frisuren, Haarfarben, Schmuck, Brillen, Bärten und Kleidung. Folge diesen Schritt-für-Schritt-Anleitungen und male dann so viele eigene Figuren, wie du kannst!

Gib dem süßen Mädchen einen hohen, lockigen Dutt!

Das Haar ist oben glatt und unten gelockt. Ergänze Kreise für eine Brille.

Die Mütze wölbt sich mit der Stirn. Füge Punkte als Sommersprossen hinzu.

Beginne mit einem Oval, das oben etwas breiter ist. Augenbrauen und Mund sind kurze Linien.

Male einen hohen, geschwungenen Pferdeschwanz und ein breites Lächeln.
Die Ohrringe sind Kreise.

Das Haar dieses Mädchens hat einen Mittelscheitel und ist unten gerade.
Die Krempe des Huts bildet ein Oval um ihren Kopf.

Das graue Haar dieses alten Mannes ist oben gewellt. Zwei Tropfen bilden den Schnurrbart.

Der Schnurrbart ist geschwungen und der Bart lockig! Male die Brille mit dünnen Linien.

Male Haare, die oben flach sind und unten einen gewellten Rand haben.

Kinder

Die ausgestreckten Arme und das angewinkelte Bein zeigen eine verspielte Haltung.

Gestalte Haare, Schuhe, Hosenträger, Knöpfe und eine Brusttasche.

Das Oberteil hat abgerundete Schultern und die Shorts sind zwei Rechtecke.
Die Haare sind oben flach und unten gewellt.

Male Arme und Beine. Gestalte das Shirt mit einem Halsbündchen und einer Brusttasche.

Erwachsene

Das Kleid hat einen v-förmigen Ausschnitt und Puffärmel. Das Unterteil ist glockenförmig.

Ergänze einen lockigen Pferdeschwanz, spitze Schuhe mit Absätzen und Punkte auf dem Kleid.

Beginne mit einem Kopf in Bohnenform und füge den Hals, die Ohren und den Pullover hinzu.

Male lange Rechtecke für die Beine. Stecke eine Hand in die Hosentasche und gestalte coole Schuhe.

Läuferin

Male ein Oval für den Kopf und ergänze den Oberkörper mit gebogenen Armen.
Ein Bein ist angewinkelt.

Der Dutt ist ein Kreis mit einer geschwungenen Linie als Zopfgummi. Das hintere Bein ist gestreckt.

Ergänze die Hände und l-förmige Füße. Male ein Oberteil passend zu den Laufschuhen.

Beginne mit einem ovalen Kopf und einem bohnenförmigen Oberkörper. Ergänze Arme und Beine. Ein Bein ist angewinkelt. Stell dir den Umhang als geschwungenes Dreieck vor. Male die Haare.

Male zunächst ein Oval für den Kopf, dann ein Oberteil mit dünnen Trägern. Ein Arm ist ausgestreckt, der andere nach oben gebogen. Das Tutu ist kurz und weit und hat einen Wellenrand.

Superheld

Male die Hände. Füge Stiefel, Höschen und Maske hinzu.
Gestalte den Anzug mit einem goldenen Stern auf der Brust!

Balletttänzerin

Ergänze lange Beine. Der Dutt ist ein Kreis oben auf dem Kopf.
Male für die Schuhbänder ein „X" auf jeden Fuß.

Male einen ovalen Kopf, halbkreisförmige Ohren und einen Hals.
Ergänze Uniform, Schuhe und Haare.

Polizistin

Die Mütze läuft oben spitz zu. Male schwarze Streifen an Mütze, Kragen, Ärmel und in die Taille.
Ergänze eine Gürtelschnalle, Handschellen und zwei goldene Abzeichen.

Der Feuerwehrmann hat einen hohen Kragen mit einem v-förmigen Ausschnitt.
Gib ihm einen Helm. Gestalte das Hemd und die Hose mit Knöpfen und gelben Bändern.

Feuerwehrmann

Male einen dicken, gebogenen Schlauch mit Wasserstrahl. Füge weitere Wassertropfen hinzu. Ergänze Stiefel und gestalte den Helm mit dünnen Linien.

Märchen-land

Einhorn

Beginne mit einem runden Kopf, der mit einem ovalen Körper verbunden ist.
Die Ohren sind kleine Dreiecke. Der Schweif ist wie ein auf dem Kopf stehendes „U“ gebogen.

Tritt ein in das Reich der Fantasie, wo du lernst, wie man ein Schloss, eine königliche Familie und einen tapferen Ritter malt. In diesem verzauberten Land streifen Einhörner über die Erde, schwimmen Meerjungfrauen in den Meeren und wohnen Feen in den Wäldern. Lass deiner Fantasie freien Lauf – hier ist alles möglich!

Das Horn ist ein Dreieck mit diagonalen Rillen. Die Hufe sind Halbkreise.

Fee

Die Zipfel des Kleides sind spitz wie Blätter. Die Spitzen der Flügel sind abgerundet.

Der Zauberstab ist eine Linie mit einem Stern an der Spitze. Male die Haare und ein Haarband mit Blättern. Gestalte die Flügel mit langen, dünnen Linien.

Schloss

Male zwei hohe Rechtecke für die Türme. Staple dann drei Rechtecke in der Mitte.

Gestalte die Tür des Schlosses. Male dünne Linien, um die Holzbretter darzustellen. Setze auf jeden Turm ein Dreieck – auch die Fahnen sind Dreiecke.

Male einen runden Kopf und den Oberkörper mit offenen Armen.
Ihr Schwanz ist wie eine Pfeife geformt.

Beginne mit einem runden Kopf. Ergänze Jacke, Hose und Stiefel.
Das Holzbein läuft spitz zu.

Meerjungfrau

Nutze Wellenlinien, um das Oberteil und die Muschel zu gestalten.
Deute ein paar Schuppen auf dem Schwanz an.

Pirat

Male den Bart mit einem Wellenrand. Ergänze einen Gürtel, Knöpfe, eine Augenklappe und einen Ohrring. Die Spitzen des Huts sind wie ein „M" geformt.

Beginne mit einem ovalen Kopf und einem Rechteck für das Oberteil des Kleides.
Ihr Haar ist lang und hat einen Wellenrand.

Male sein Hemd mit einem runden Ausschnitt und Puffärmeln. Ergänze die angewinkelten Beine.

Prinzessin

Male die Arme mit geschwungenen Strichen.
Gib ihr eine Rose, eine Krone und winzige Schuhe.

Prinz

Male I-förmige Stiefel und einen Umhang. Gestalte dazu Krone, Kragen und Schulterklappen.

Male einen ovalen Kopf und dann das Kleid. Es hat oben eine Herzform und ist unten geschwungen.

Male einen runden Kopf und eine Glockenform für den Umhang.
Der Pelz ist ein Bogen zwischen den Schultern.

Königin

Male die Schärpe als dicken diagonalen Strich auf. Ergänze die Krone, die Handschuhe und die Schuhe. Male eine Perlenkette als eine Reihe von Punkten.

König

Das Zepter ist eine Linie mit einem Kreis an der Spitze.
Male Punkte auf den Pelz und verziere das Motiv mit Gold.

Ritter

Male die Rüstung mit Kreisen für die Gelenke, Rechtecken für die Beine und einer Raute für den Helm.

Der Schild ist ein umgedrehter Bogen. Ergänze die Stiefel, eine Feder und ein Wappen.

Drache

Verbinde einen Kreis mit einem Oval. Arbeite den Kopf aus. Ergänze Beine und Schwanz.

Male den Bauch an und füge Flügel mit Wellenrand hinzu. Die Schwanzspitze ist dreieckig.

Ergänze spitze Hörner, Rückenstacheln, Punkte auf dem Körper und Linien am Bauch.

Gegenstände

Kanne

Diese Kanne ist unten breiter als oben. Der Ausguss ist wie ein umgekehrtes „S“ gebogen, und der Henkel sieht aus wie die Hälfte eines Herzens.

Wenn du auf der Suche nach Motiven zum Malen bist, musst du nirgendwo hingehen! Sieh dich einfach bei dir zu Hause um, und du wirst Formen, Linien und Farben in Alltäglichem finden. Folge den Anleitungen, um eine Glühbirne, einen Wecker, einen Globus, eine Brille und mehr zu malen.

Der Deckel ist ein Oval mit einem Kreis für den Griff. Ergänze einen ovalen Schatten beim Ausguss und kleine Glanzlichter.

T-Shirt

Male ein Rechteck mit einem Halsausschnitt. Ergänze Rechtecke als Ärmel und gestalte die Ränder.

Lampe

Male die Form eines Rocks. Ergänze einen stabilen Sockel und eine Zugschnur mit Kugel am Ende.

Bleistift

Beginne mit einem langen Rechteck. Ergänze einen Halbkreis als Radiergummi und ein Dreieck als Spitze.

Glühbirne

Male einen Kreis und dazu ein Rechteck als Sockel. Ergänze Lichtstrahlen und die Spirale im Inneren.

Briefumschlag

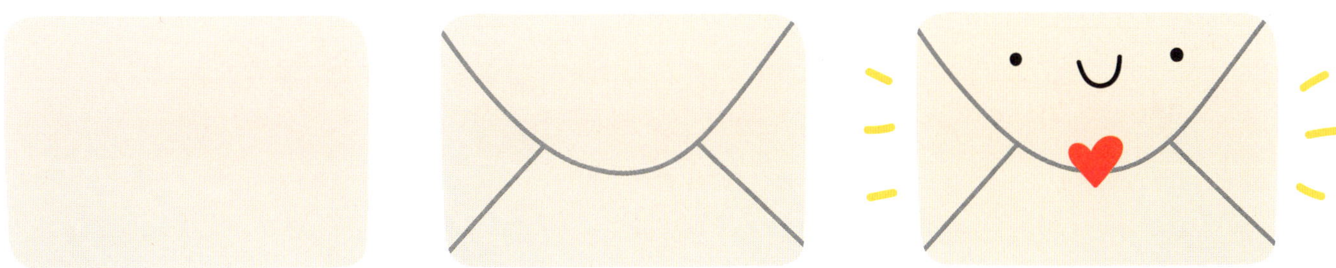

Beginne mit einem Rechteck und zeichne Linien ein. Versiegle den Umschlag mit einem Herz.

Male waagerechte Linien auf den Bleistift. Gestalte die Spitze und den Radiergummi.

Pokal

Beginne mit einer Trapezform, die oben breiter ist als unten. Ergänze einen rechteckigen Stiel und einen ovalen Fuß. Die Griffe sind wie Fragezeichen geformt.

Globus

Beginne mit einem Kreis und male einen Bogen dazu. Ergänze den Fuß und zeichne Netzlinien ein.

Rucksack

Male einen Bogen. Der Boden des Rucksacks und die Taschen sind rechteckig.

Topf-pflanze

Der Topf hat eine rechteckige Form mit einem schmalen Oval an der Oberseite. Gib deinem Kaktus dünne, spitze Stacheln und verziere den Topf mit Dreiecken.

Tasse

Beginne mit einem Rechteck und ergänze ein umgekehrtes „C“ als Henkel. Füge oben ein Oval für das Innere der Tasse hinzu. Ein weiteres Oval ist die Flüssigkeit. Male Wellenlinien als Dampf.

Stelle die Taschen mit weiteren Rechtecken fertig. Ergänze den Henkel und einen Reißverschluss mit Zipper.

Wecker

Beginne mit einem Kreis und ergänze die beiden Zeiger. Die Alarmglocken sind Halbkreise, die mit einem Bogen verbunden werden.

Brille

Verbinde zwei Kreise mit einer gebogenen Linie. Füge dann zwei Bügel hinzu.

Journal

Male ein Rechteck mit abgerundeten Ecken. Vergiss das Lesezeichen nicht!

Taschenrechner

Beginne mit einem Rechteck. Male den Bildschirm und quadratische Tasten. Ergänze die Zahlen.

Computer

Der Computer ist ein Rechteck mit abgerundeten Ecken. Male Kreise als Knöpfe auf.

Handy

Gestalte das Handy mit Bildschirm aus zwei Rechtecken. Zeichne die kleinen Details ein.

Gestalte die Puppe aus zwei sich überlappenden Kreisen. Ergänze ein Kopftuch mit zwei Zipfeln.

Ballon

Luftballons sehen aus wie umgedrehte Eier. Male an der Unterseite ein Dreieck und befestige daran die Schnur. Zeichne weiße Striche für den Glanz ein.

Matroschkapuppe

Male einen Kreis für das Gesicht. Die Blütenblätter sind Ovale. Füge dünne Blätter und Punkte hinzu.

Zucker-schädel

Beginne mit einem Kreis und gestalte einen Totenkopf mit Zähnen. Dekoriere ihn mit Herzen und Punkten. Die Nase besteht aus zwei kleine Tropfen.

In der Natur

Blumen

Verwende herzförmige Blütenblätter für diese Blume. Ergänze Stiel, Blätter und Blütenmitte.

Die Natur ist voller schöner Szenen und bunter Tierchen. In diesem Kapitel lernst du, wie du alle Arten von Naturmotiven malen kannst, von großen Dingen (wie Sonnenuntergänge und Regenwolken) bis hin zu kleinen Dingen (wie Blumen und Käfer). Versuche auch, draußen zu malen, und lass dich inspirieren!

Diese Blume besteht aus schmalen Ovalen. Male einen langen, dünnen Stiel. Ergänze die Blütenmitte.

Blumen

Eine Tulpe sieht aus wie ein halbes Ei mit gewellter Kante.
Die Staubblätter sind dünne gelbe Linien mit Punkten an der Spitze.

Diese einfache Blume ist ein Kreis in einem Kreis.
Male eine Linie für den Stiel und füge spitze Blätter hinzu.

Schmetterlinge

Die geschwungenen Flügel bilden ein „X“. Male eine dicke Linie für den Körper und dünne Linien für die Fühler.

Male zwei tropfenförmige Flügelpaare in Rosa. Gestalte sie mit Kreisen. Male geschwungene Fühler.

Bilde die Flügel mit zwei tropfenförmigen und zwei ovalen Formen. Die Flügel laufen unten spitz zu.

Vögel

Beginne mit zwei Kreisen für den Körper und einem dreieckigen Schwanz. Der Flügel hat eine Tropfenform.

Der Schwanz dieses Vogels zeigt nach oben. Der Schnabel ist ein Dreieck. Male kleine Punkte als Körner.

Verwende zwei Kreise für den Körper und ein Dreieck für den Schwanz. Male den ersten Flügel als halbes Oval, den zweiten als dunkles Dreieck. Gib dem Vogel einen dreieckigen Schnabel und dünne Beine.

Versuche, weitere Vögel mit verschiedenen Formen und Farben zu malen.

Du kannst Federn mit geschwungenen Linien darstellen. Dieses Muster entsteht aus sich wiederholenden „M"- oder „W"-Formen.

Raupe

Male eine Reihe überlappender Kreise für den Körper. Glätte die Unterseite mit einem langen Strich.

Schnecke

Male eine runde Form für das Schneckenhaus. Der Körper ist wie ein liegendes „L“ mit Wellenlinie.

Biene

Beginne mit einem Oval und füge dicke schwarze Streifen hinzu.
Der Stachel ist ein winziges Dreieck und die Flügel sind fast oval.

Male viele kleine Beine mit kurzen Linien. Gestalte den Körper mit Strichen und Punkten. Ergänze die Fühler.

Die Fühler sind Linien mit einem Punkt am Ende. Zeichne eine dünne Spirale auf das Schneckenhaus.

Marienkäfer

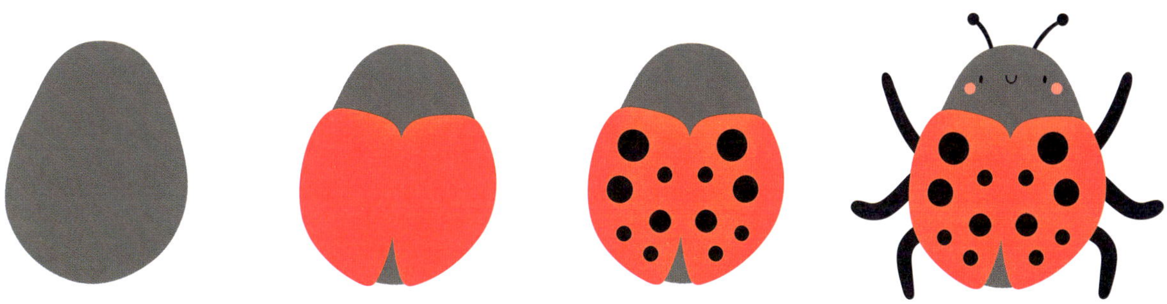

Beginne mit einer Eiform und male zwei tropfenförmige Flügel.
Die schwarzen Punkte sind einfache Kreise.

Sonnen

Male einen Kreis. Füge dünne, spitze Linien als Strahlen hinzu.

Beginne mit einem Kreis. Male immer mit etwas Abstand drei dünne Ringe um ihn herum.

Du kannst die Sonne auf viele verschiedene Arten malen. Probiere diese Varianten aus.

Regenbogen

Dieser Regenbogen besteht aus umgedrehten „U"-Formen. Beginne klein und bau darauf auf.

Sonnenaufgang

Beginne mit einem Kreis. Für die Hügel malst du zwei Formen, die sich oben wölben und unten flach sind.

Regenwolke

Male eine Wolke mit gewelltem Rand. Ergänze kleine Tropfenformen für den Regen.

Male Linien für die Strahlen und füge ein paar v-förmige Vögel hinzu.
Schenke der Sonne ein Lächeln.

Bäume

Male ein Rechteck für den Baumstamm. Ergänze Blätterschichten. Die hellste kommt nach oben.

Male einen hohen, rechteckigen Stamm mit einer Eiform darauf.
Ergänze ein paar dunkle Blätter.

Blätter

Beginne mit einer umgedrehten Herzform. Male dann dünne Linien für Stiel und Blattadern.

Versuche, auch diese anderen Blätter zu malen.

Klee

Jedes dieser Kleeblätter hat eine Herzform. Male eine Linie für den Stängel, und gib ihm ein Lächeln.

Eichel

Male die Eichel aus einem Oval mit einer Spitze. Die Kappe ist wie eine Bohne geformt.

Zweig

Male eine „Y"-Form und ergänze dunkle Ovale an den Enden. Zeichne dünn Strukturen ein.

Berge

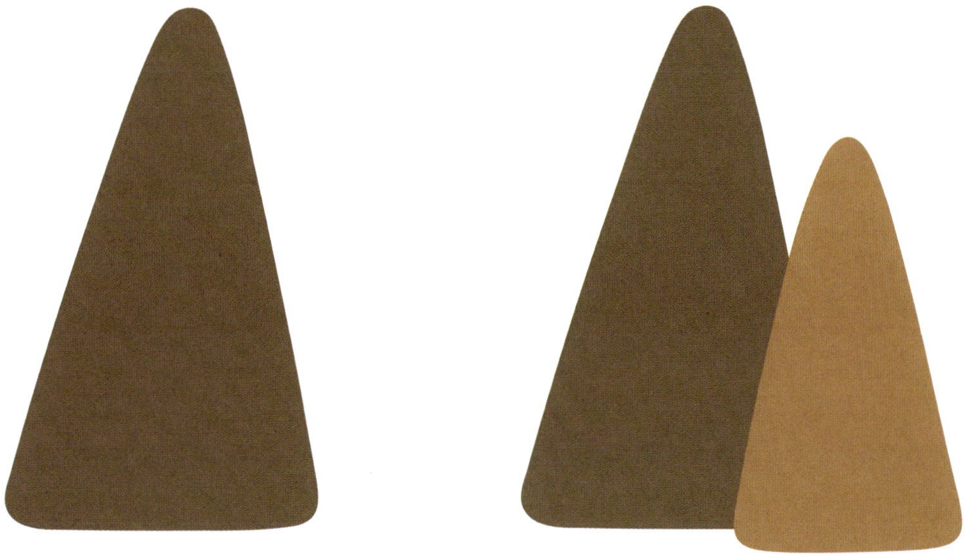

Male zwei sich überlappende Dreiecke mit abgerundeten Spitzen.

Die Schneehauben haben einen Wellenrand. Zeichne freundliche Gesichter.

Sonnenuntergang

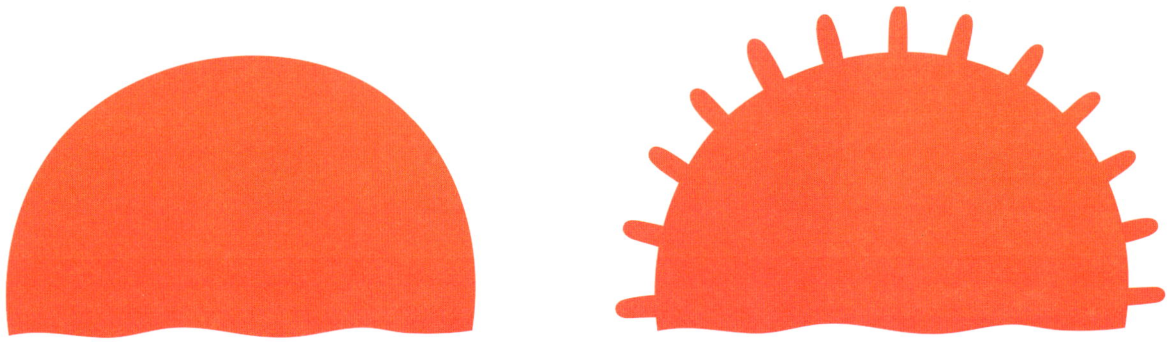

Male einen Halbkreis mit Wellenrand. Füge mit kurzen Linien Strahlen entlang der Rundung hinzu.

Sternschnuppe

Male ein paar geschwungene Striche für den Schweif.
Der Stern setzt sich aus sechs Dreiecken zusammen.

Füge nun Wellenlinien für das Meer hinzu.
Ergänze noch ein paar fluffige Wolken und ein schläfriges Gesicht.

Mond

Beginne mit einem Kreis. Male dann kleinere, hellere Kreise für die Krater auf.

Lebensmittel

Tomate

Diese Tomate ist ein abgeflachter Kreis. Male lange, dünne Dreiecke für die Blätter.

Brokkoli

Male ein Quadrat mit dicken Linien für den Stiel. Füge kleine Wolkenformen für den Kopf hinzu.

Aufruf an alle Essensliebhaber. Egal, ob du Hunger auf einen gesunden Snack aus dem Garten oder ein leckeres Dessert hast, hier findest du jede Menge Leckereien, um deinen künstlerischen Appetit zu stillen. Male einen Apfel, eine Wassermelone, einen Keks, ein Eis und vieles mehr.

Karotte

Eine Karotte ist lang, oben rund und unten spitz. Ihre Blätter haben gewellte Ränder.

Erbsenschote

Eine Erbsenschote ist ein dünne Bohnenform. Male einen Kringel für den Stiel.

Zwiebel

Beginne mit einem Kreis, der oben spitz zuläuft. Füge dicke Triebe und dünne Wurzeln hinzu.

Avocado

Eine Avocado ist ein Kreis mit einer Ausbuchtung an der Spitze.
Der Kern ist wie ein Ei geformt.

Male eine Reihe von Kreisen ins Innere der Schale. Die größten Erbsen sind in der Mitte.

Kartoffel

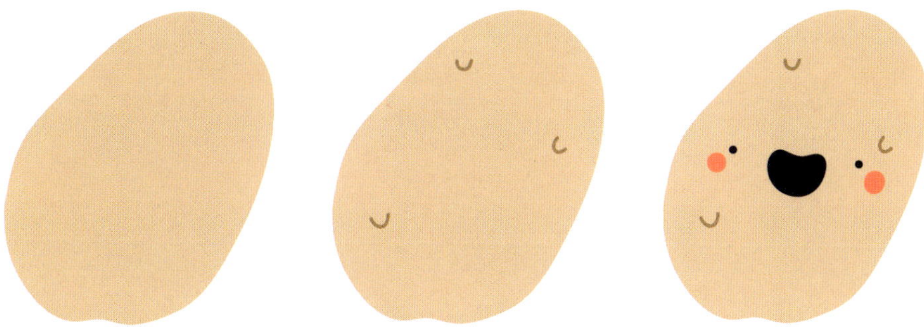

Kartoffeln sind meist oval, doch ihre Ränder können uneben sein. Zeichne kleine „U"-Formen ein.

Rübe

Eine Rübe sieht aus wie ein Herz mit einer langen Spitze.
Die Blätter sind gewellt mit langen Stängeln.

Pilz

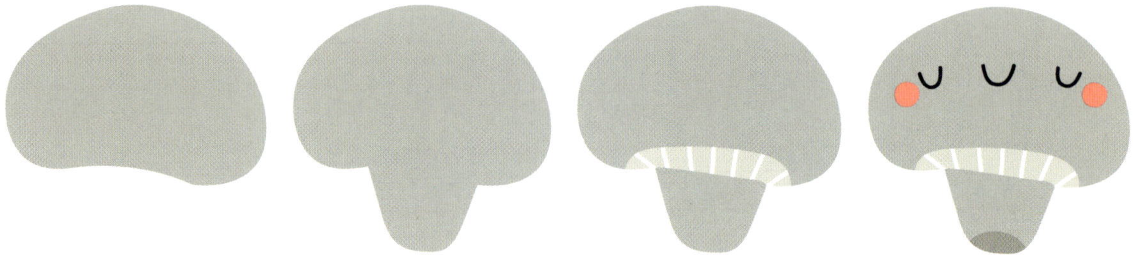

Der obere Teil des Pilzes hat die Form einer Bohne. Vergiss nicht die kleinen Linien für die Lamellen.

Aubergine

Diese Aubergine hat die Form eines dicken „J". Der Stiel ist eine kurze Linie mit Dreiecken für die Blätter.

Radieschen

Beginne mit einem Kreis, der unten eine dünne Spitze hat. Male lange Stängel und buschige Blätter.

Versuche, weitere gesunde Lebensmittel aus dem Garten zu malen.

Apfel

Gestalte den Apfel aus zwei sich überlappenden Ovalen. Das Blatt ist ein Oval mit spitzen Enden.

Zitrone

Beginne mit einem Oval und füge oben und unten eine abgerundete Spitze hinzu.

Birne

Forme die Birne aus einem großen Kreis, mit einem kleinen Kreis darüber. Glätte die Kanten.

Banane

Die Banane hat eine „J"-Form. Nutze Rechtecke, um die Enden zu gestalten.

Orange

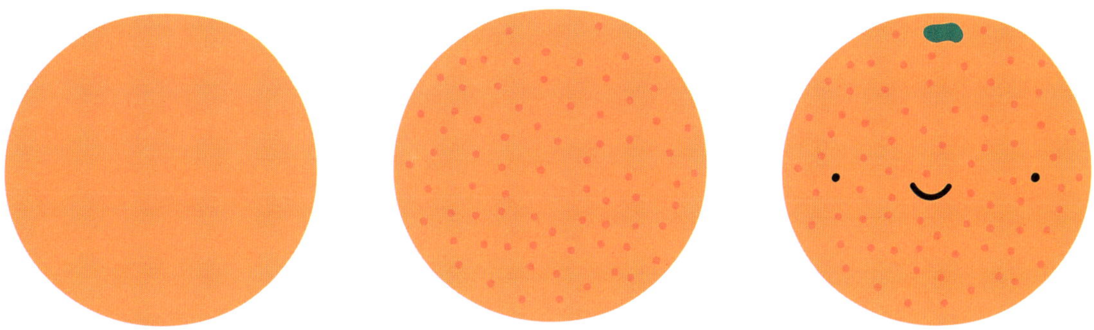

Beginne mit einem Kreis und füge kleine Punkte hinzu, um die Textur der Schale darzustellen.

Kirschen

Eine Kirsche ist ein Kreis mit einer Einbuchtung. Male dünne Linien für die Stiele und ein mondförmiges Blatt.

Erdbeere

Eine Erdbeere hat eine Herzform. Male dünne Dreiecke für die Kelchblätter und Punkte für die Kerne.

Ananas

Male ein Rechteck mit abgerundeten Ecken. Füge lange, spitze Blätter und ein Gittermuster hinzu.

Wassermelone

Beginne mit einem Halbkreis und male Bogen für die Schale. Ergänze tropfenförmige Kerne.

Eier

Der Teller ist ein Kreis in einem Kreis. Auch das Eigelb ist ein Kreis.

Müsli

Beginne mit einem Oval für die Innenseite der Schale. Das Müsli hat einen Wellenrand und Punkte.

Muffin

Male eine rechteckige Form mit Streifen für das Förmchen. Der Muffin ist oben gewellt.

Donut

Male einen Kreis mit einem Loch in der Mitte. Ergänze Zuckerguss und kleine Streusel.

Cookie

Beginne mit einer runden Form. Es muss kein perfekter Kreis sein. Male Schokoladenstückchen auf.

Keks

Beginne mit einem Rechteck. Runde die Ecken ab und gestalte den Rand.
Ergänze weiße Punkte als Löcher.

Brezel

Male die Brezel mit dicken Linien. Beachte, wie die Formen in der Mitte ein „X" bilden.

Cupcake

Das Papierförmchen ist oben am breitesten. Zeichne die Falten ein. Setz einen Klecks Zuckerguss obendrauf.

Kuchen

Dieses Kuchenstück ist ein Dreieck auf einem Rechteck. Die Kruste hat einen gewellten Rand.

Eiswaffel

Beginne mit einem Dreieck für die Eiswaffel. Schichte Eiscreme in Wolkenform aufeinander.

Eis am Stiel

Male ein schmales Rechteck für den Stiel. Beginne das Eis unten mit einem Halbkreis.
Male ein Quadrat für die Mitte und einen weiteren Halbkreis für die Spitze.

Diese Eiswaffel wird aus zwei rechteckigen Formen hergestellt. Verwende dünne Linien für die Struktur. Die Eiscreme ist oben rund und verläuft unten. Füge Punkte als Streusel hinzu.

Hast du immer noch Lust auf Süßes? Versuche, weitere Eissorten zu malen.

Eisbecher

Male die Schale als einen abgeflachten Halbkreis. Auch die Eiskugeln sind Halbkreise.

Waffel

Beginne mit einem Kreis und male dann einen helleren Ring darum herum.

Die Kirsche ist ein kleiner Kreis mit einer Vertiefung. Jede Waffel ist ein langes Rechteck dunklem Oval.

Male nun je drei dicke Linien waagerecht und senkrecht, um ein Gittermuster zu formen.

Pizza

Male einen Kreis für die Kruste. Ergänze darauf eine runde Form für die Sauce und Kreise für die Peperoni.

Sushi

Male zunächst ein Quadrat in einem Quadrat. Füge ein Dreieck und zwei Rechtecke für die verschiedenen Zutaten im Inneren hinzu.

Füge „O"-Formen für Oliven und einige Basilikumblätter hinzu.
Zerteile die Pizza mit dünnen Linien.

Fülle die leeren Stellen mit Kreisen und ein paar langen Strichen.
Gib den verschiedenen Zutaten etwas Struktur. Gestalte den Reis mit kleinen hellen Ovalen.

Taco

Beginne mit einem Halbkreis für das Brot. Ergänze entlang der Kante gewellte Salatblätter.

Pommes

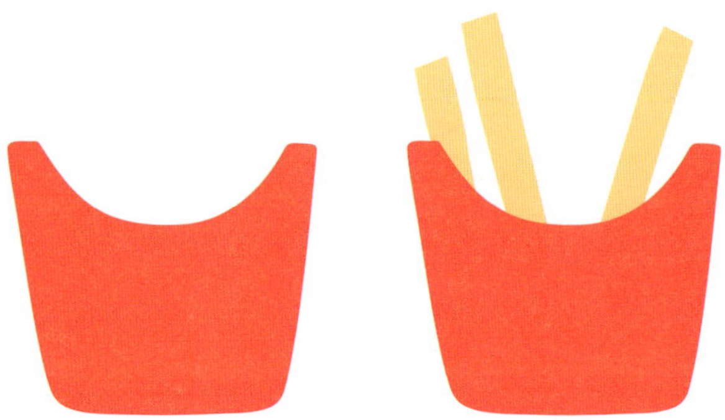

Der Behälter hat eine rechteckige Form mit einem ausgesparten Bogen. Die Pommes sind Rechtecke.

Popcorn

Der Eimer ist oben am breitesten. Male dicke Streifen. Ergänze krause Popcornformen.

Male Halbkreise für Tomaten. Füge andere Füllungen deiner Wahl hinzu.

Male helle und dunkle Pommes, um die Formen besser zu trennen.
Gestalte den Behälter mit einer gelben Linie.

Male mehr Popcorn mit helleren und dunkleren Farben, um die Formen besser zu trennen.

Fahrzeuge & Gebäude

Beginne mit einem hohen Rechteck und füge eine abgerundete Spitze hinzu.
Male auf jeder Seite ein kleineres Rechteck.

Autos, Lastwagen, Traktoren und Gebäude sind alles große Motive, aber sie sind leicht zu malen, wenn du Grundformen und einfache Linien verwendest. Diese Motive eignen sich hervorragend zum Zeichnen von Stadtszenen und belebten Straßen. Wenn du stattdessen ein ruhiges, luftiges Abenteuer malen möchtest, findest du auch ein Segelboot und einen Heißluftballon.

Wolkenkratzer

Füge ein schmales Dreieck und einen Kreis hinzu. Ergänze dann Fenster und Dachdetails.

Die Spitze des Zeltes ist ein Dreieck mit gebogenen Kanten.
Die Öffnung des Zeltes hat eine ähnliche Form.

Beginne damit, einen Halbkreis zu malen.
Der Eingang hat die Form eines auf dem Kopf stehenden „U".

Die Dächer der Pagoden sind wie Röcke geformt.
Verwende lange Rechtecke, um Säulen hinzuzufügen.

Zirkuszelt

Gestalte das Zelt mit Streifen, einem gewelltem Rand und Sternen.
Ergänze oben einen Kreis, eine Linie und zwei gewellte Fahnen.

Iglu

Male dünne geschwungene Linien, um die Schneeblöcke zu gestalten.

Pagode

Füge einen Pfosten und Kugeln an den Spitzen des Daches hinzu.
Gestalte die Dachkanten mit m-förmigen Linien.

Die Mitte dieses Wagens ähnelt einem Dreieck mit einer flachen Spitze.
Füge an jedem Ende ein Rechteck hinzu und male hohe Fenster.

Die Vorderseite des Fahrzeugs ist wie ein Stiefel geformt.
Verwende ein Rechteck für die Rückseite und Kreise für die Räder.

Beginne mit einem langen Rechteck, mit einem ausgehöhlten Rechteck darüber. Verwende einfache Formen für die restlichen Details, wie Kreise für die Räder und Dreiecke für die Vorderseite.

Polizeiauto

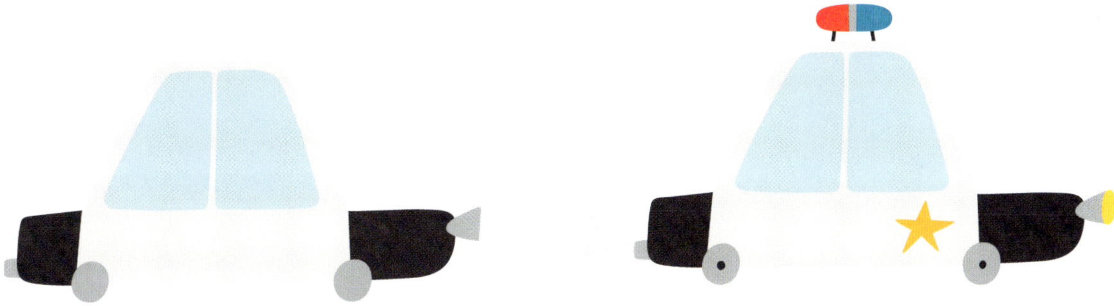

Füge Kreise für die Räder, einen quadratischen Auspuff und einen Kegel für den Scheinwerfer hinzu. Verziere das Auto mit einem goldenen Stern an der Tür und ovalen Lichtern auf dem Dach.

Feuerwehrwagen

Male ein viereckiges Fenster und füge Bogen über den Reifen hinzu. Feuerwehrautos haben viele lustige Details, darunter eine Leiter, eine Schaufel, eine Axt, einen Schlauch und Lichter.

Zug

Gib dem Dach einen gewellten Rand. Füge letzte Details hinzu, einschließlich einer Dampfwolke.

Dieses Auto hat die Form eines breiten Verkehrskegels. Mal hohe Fenster.

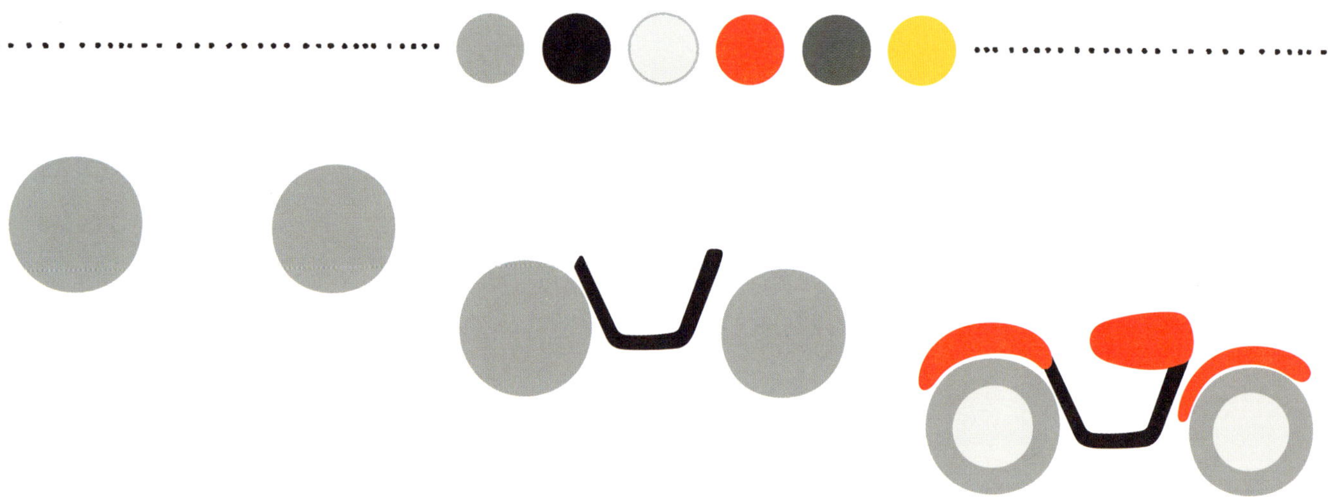

Beginne mit zwei Kreisen für die Räder. Male einen stabilen Rahmen mit dicken schrägen Linien. Füge Bogen über den Reifen hinzu.

Dieser Wagen ist rechteckig mit einer kleinen Ausbuchtung an der Vorderseite. Die Eiswaffel auf dem Dach gibt ihm eine lustige Note.

Auto

Füge Räder, den Türgriff, den Scheinwerfer und das Auspuffrohr hinzu.
Ergänze das Lenkrad und eine Abgaswolke.

Motorrad

Male den Lenker, den Sitz und das Rohr mit dicken Strichen.
Der Scheinwerfer ist wie ein Kegel geformt.

Eiswagen

Male eine Markise mit gewelltem Rand über das Seitenfenster.
Die Eiskugeln sehen aus wie überlappende Kreise. Füge die letzten Details hinzu.

Beginne mit einem Rechteck und füge ein kleines Quadrat an der Vorderseite hinzu.
Male zwei parallele Linien unter die Fenster.

Dieses rasante Fahrzeug hat große Räder, eine spitze Front und eine große Vertiefung in der Mitte.

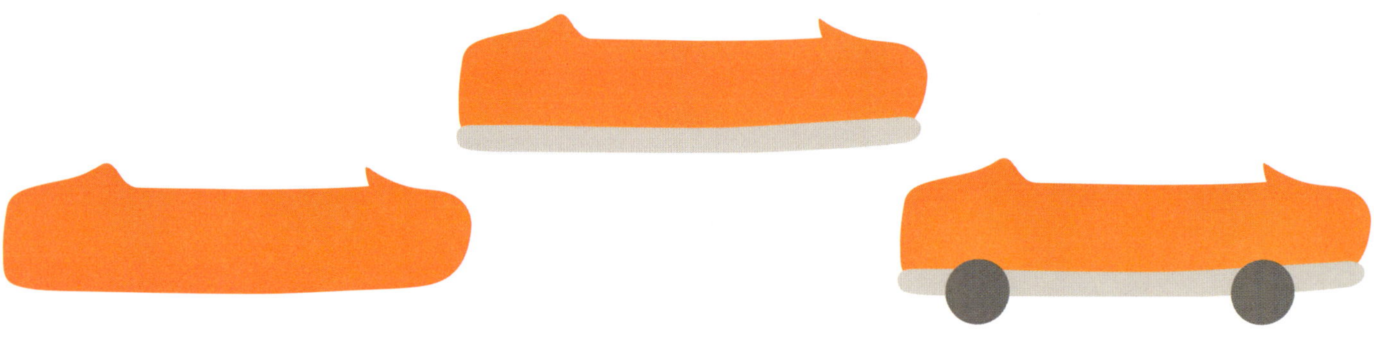

Dieses Auto ohne Verdeck hat die Form eines Hot Dogs.
Male einen Streifen entlang der Unterseite und füge Kreise als Räder hinzu.

Schulbus

Füge runde Reifen und ein dickes, abgerundetes Dach hinzu. Ergänze die Scheinwerfer und weitere Details.

Rennwagen

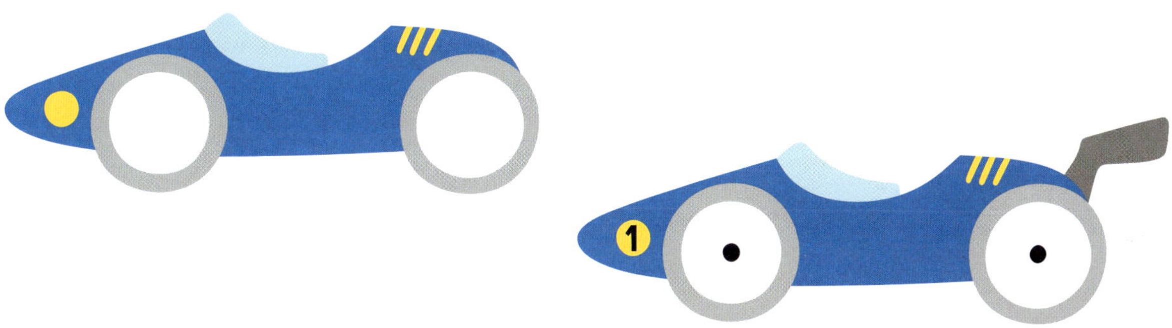

Male die Windschutzscheibe mit einem geschwungenen Strich und den Spoiler mit einer eckigen Form. Verziere den Rennwagen mit Streifen und einer Nummer.

Cabrio

Male ein Dreieck für die Windschutzscheibe und hohe Bogen für die Sitze. Füge den Scheinwerfer und andere abschließende Details hinzu.

Beginne mit einem langen Rechteck für die Seite und einem abgerundeten Dreieck für die Vorderseite. Dann male ein Dach.

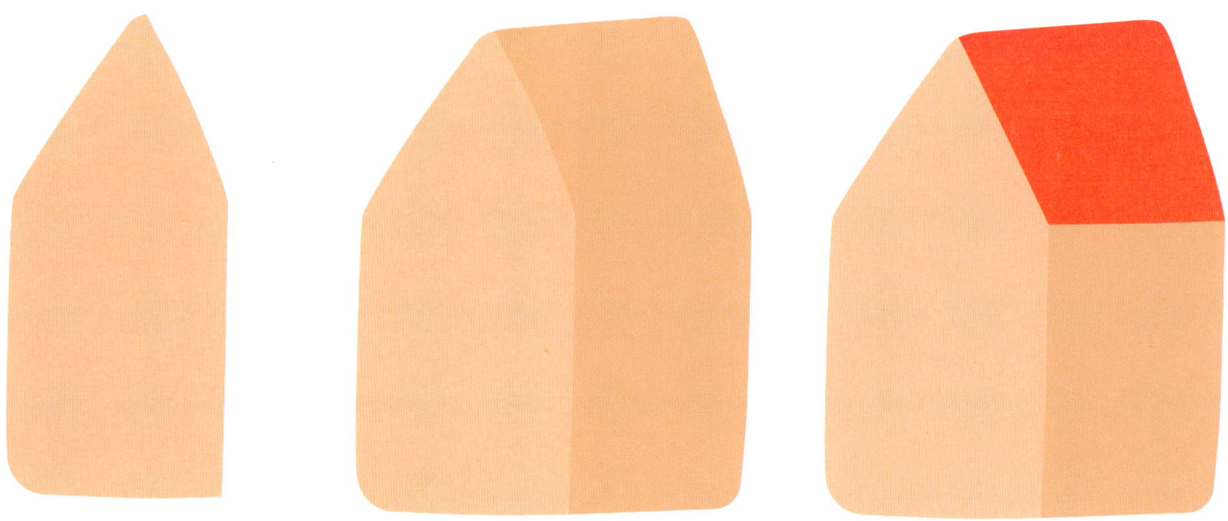

Dieses hohe Haus ist ein Dreieck auf einem Rechteck. Male eine Rautenform für das Dach.

Scheune

Ergänze die Fenster und Details am Dach.
Zeichne mit dünnen Linien ein „X" auf jede Tür.

Haus

Füge einen Bogen für die Tür und Rechtecke für den Schornstein und die Fenster hinzu. Vergiss den Rauch nicht!

Beginne mit einem Quadrat für die Kabine.
Füge einen abgewinkelten Arm und ein abgerundetes Rechteck für die Kette hinzu.

Das Fahrerhaus mit der Kette hat eine Stiefelform.
Die Schaufel ist ein Halbkreis mit einer dreieckigen Spitze.

Bagger

Gestalte den Arm und die halbkreisförmige Schaufel.
Verbinde zwei Kreise mit einer Linie für den Innenteil des Kettenfahrwerks.

Bulldozer

Male ein gewölbtes Fenster und das Innere des Kettenfahrwerks.
Füge Lichter und ein paar parallele Linien hinzu.

Beginne mit einem großen Kreis für das Hinterrad und einem kleinen Kreis für das Vorderrad. Ergänze ein Rechteck über dem Vorderrad und einen l-förmigen Sitz über dem Hinterrad.

Der Ballon ist ein Kreis mit einer flachen Öffnung an der Unterseite. Füge ein Quadrat mit einem Oval oben für den Korb hinzu. Verbinde den Ballon und den Korb mit dünnen Linien.

Traktor

Male einen Bogen über das Hinterrad. Füge ein gebogenes Auspuffrohr an der Vorderseite hinzu. Ergänze einen Scheinwerfer, ein Lenkrad und Details an den Rädern.

Heißluftballon

Dekoriere den Ballon mit Wimpeln, indem du eine Reihe von Dreiecken aufmalst. Gestalte den Korb mit einem Gittermuster und füge zum Schluss noch eine wehende Flagge hinzu.

Die Vorderseite des Bootes hat eine feine Spitze.
Füge den Mast als lange, gerade Linie in der Mitte hinzu.

Male eine hohe Kegelform mit einer flachen Spitze und einer runden Unterseite. Ergänze den hellen Streifen. Füge nun einen Bogen für die Tür und ein Dreieck als Dach hinzu.

Segelboot

Die Segel sind gewölbte Dreiecke. Verbinde sie mit dem Mast mit dünnen Linien.
Gestalte den Mast mit einem Kreis und einer wehenden Flagge.

Leuchtturm

Die Fenster sind kleine Kreise. Zeichne das Geländer mit dünnen Linien.
Füge zum Schluss einen Kreis und eine Fahne auf dem Dach hinzu.

Beginne mit einer Form, die wie eine halbe Zitrone aussieht. Füge eine Bohnenform an der Oberseite hinzu. Deute mit einem Kreis und einem Oval die Fenster an und bemale die hintere Spitze.

Male zunächst den Rumpf und die Heckflosse des Flugzeugs.
Die Nase und die Tragflächen haben abgerundete Spitzen.

U-Boot

Arbeite die Fenster aus und ergänze oben eine dicke Hakenform als Periskop.
Der Propeller besteht aus zwei Tropfenformen, die durch einen Kreis verbunden sind.

Flugzeug

Dunkle die Nase ab und male einen Streifen auf den Körper.
Gestalte den Propeller mit zwei Tropfenformen und einem Kreis.
Das Fahrwerk besteht aus zwei kurzen Linien und Kreisen für die Räder.

Weltall

Beginne die Rakete mit einem Dreieck auf einem Quadrat.
Die Flügel sind wie schmale Dreiecke geformt.

Lass deine Fantasie durch den Weltraum schweben, während du lernst, eine Rakete, eine Raumfähre, einen Astronauten und vieles mehr zu malen. Erwecke unser Sonnensystem zum Leben, indem du die Planeten malst, und erschaffe deine eigenen außerirdischen und roboterhaften Freunde. Bist du bereit, ein interstellares Kunst-Abenteuer zu beginnen? Drei, zwei, eins ... Abflug!

Rakete

Male für das Feuer Formen, die nach unten zeigen.
Füge einen Kreis für das Fenster und Punkte für die Lichter hinzu.

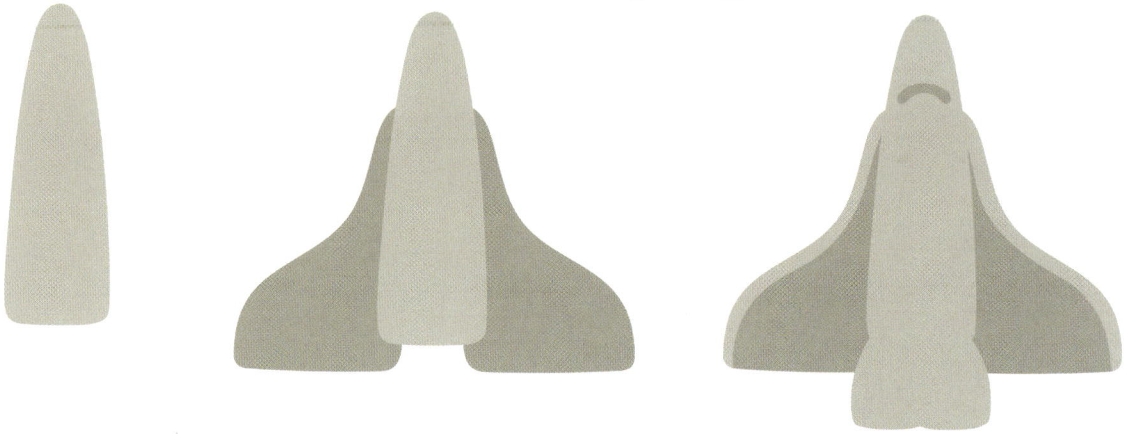

Male ein schmales Dreieck mit abgerundeten Ecken.
Füge zwei gebogene Flügel mit gerader Unterkante hinzu.

Beginne mit einem Kreis und einem Rechteck für Helm und Körper. Die Beine und Füße sind ebenfalls Rechtecke. Gestalte den Anzug mit Streifen an Armen und Beinen.

Raumfähre

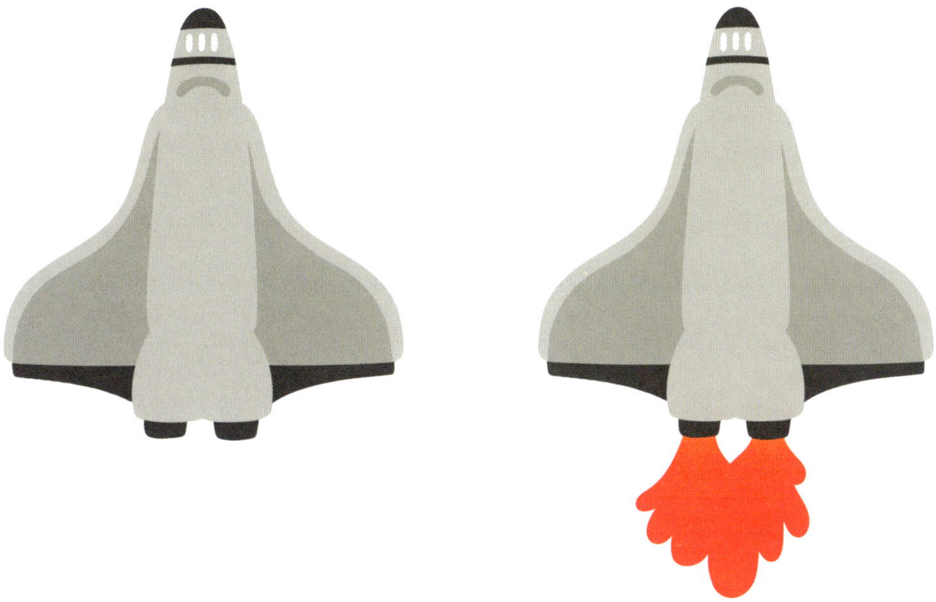

Verwende dünne Linien, um die Nase und die Flügel zu gestalten.
Füge eine Feuerwolke hinzu, die aus den Düsen kommt.

Astronaut

Die Riemen des Rucksacks bilden ein „H". Male einen runden Kopf mit zwei Halbkreisen für die Ohren.
Füge die gewellten Haare hinzu. Arbeite den Helm und den Anzug mit Details fertig aus.

Alien

Beginne mit einem Kreis für den Kopf und einem kleineren Kreis für den Körper. Male unterschiedlich große Hautflecken auf.

UFO

Male eine Glockenform für das Schiff und eine Rockform für den Scheinwerfer. Füge jeweils ein Oval am unteren Rand hinzu.

Gestalte den Boden des Schiffes mit Strichen. Ergänze eine Reihe Kreise als Lichter des UFOs.

Roboter

Beginne mit einem Rechteck für den Kopf und einem halben Oval für den Körper.
Die Arme und die Antenne sind gerade Linien.

Male ein Rechteck entlang der Unterkante. Füge Kreise für die Lichter hinzu –
auch einen oben an der Antenne.

Uranus

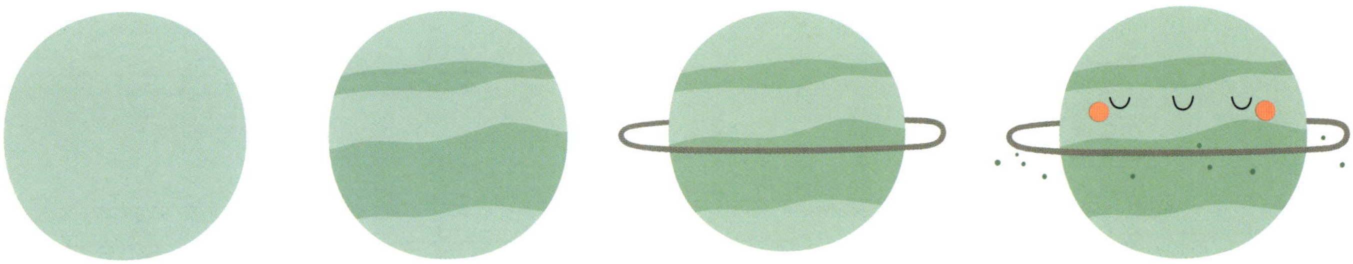

Male einen Kreis mit gewellten Streifen. Zeichne einen dünnen, ovalen Ring um die Mitte. Füge dann kleine Punkte als Monde hinzu.

Mars

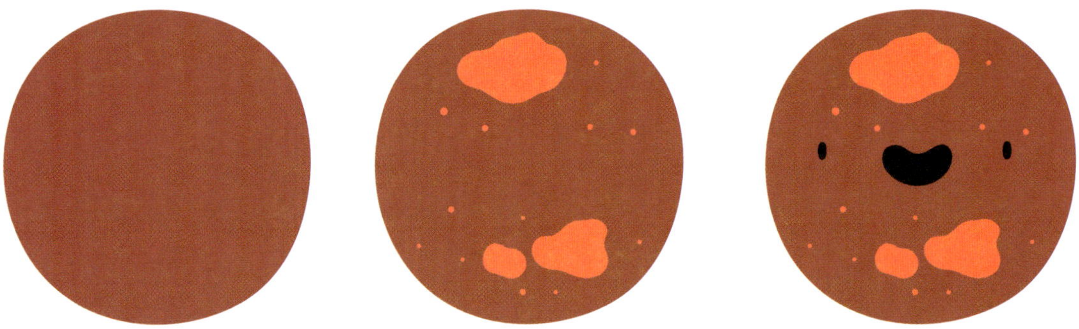

Male einen Kreis. Füge hellere Flecken und Spritzer hinzu, bevor du ein Lächeln zeichnest.

Erde

Beginne mit einem Kreis und male in Grün Land mit unregelmäßigen Formen. Ergänze zum Schluss ein paar helle Wolken.

Versuche nun, den Rest der Planeten unseres Sonnensystems und den Mond zu malen.

JUPITER

SATURN

NEPTUN

MOND

VENUS

MERKUR

Dinosaurier

T-Rex

Dieser wilde Dinosaurier hat einen aufrechten Körper, der aus runden Formen besteht.
Er hat ein großes Maul und einen dicken Schwanz.

Dinosaurier gab es in vielen lustigen Formen und Größen. Sie konnten riesig, winzig, klein, groß, geflügelt oder stachelig sein und es macht Spaß, sie zu malen. In diesem Kapitel kannst du lange Hälse, gebogene Schwänze, Stacheln, Hörner, Flügel und sogar einen aktiven Vulkan malen. Niemand weiß, welche Farben die Dinosaurier hatten, also kannst du mit vielen Farben spielen.

Male kleine Dreiecke für die Zähne und lange Dreiecke für die Streifen auf seinem Rücken.

Triceratops

Beginne mit zwei sich überlappenden Ovalen.
Füge dann einen gebogenen, spitzen Schwanz und einen dreieckigen Kopf hinzu.

Male nun den Bauch an und füge zwei dicke, kräftige Beine hinzu.

Füge zwei weitere Beine hinzu und gestalte die Schnauze. Male nun drei geschwungene Dreiecke für die Hörner. Beende das Motiv mit ovalen Flecken, Zehen und anderen Details.

Ptero-daktylus

Der Pterodaktylus hat einen spitzen Schnabel, einen dreieckigen Kopf und winzige Füße.

Die Flügel sehen aus wie breite Dreiecke. Füge dünne Arme und den Bauch hinzu.

Gestalte die Flügel mit dunklen Linien.
Male nun den Schnabel an und zeichne das Gesicht ein.

Brachio-saurus

Beginne mit einem Oval und einem Kreis hoch darüber.
Füge einen gebogenen Schwanz, einen s-förmigen Hals und rechteckige Beine hinzu.

Male zwei weitere rechteckige Beine und dunkle den Rücken ab.
Füge Ovale als Flecken entlang des Halses und des Körpers hinzu.

Stego-saurus

Dieser Dinosaurier hat einen kleinen Kopf, einen runden Körper, rechteckige Beine und einen spitzen Schwanz.

Füge zwei weitere rechteckige Beine hinzu und male den Bauch an.

Ergänze die dreieckigen Körperplatten entlang der Wirbelsäule, die Punkte an den Füßen und die ovalen Flecken auf dem Rücken.

Diplo-dokus

Beginne mit einem kleinen Kreis für den Kopf und einem Oval für den Körper.
Füge dann einen langen, dünnen Hals und einen Schwanz hinzu, der wie eine Peitsche aussieht.

Male die Beine als Rechtecke. Ergänze weiße Ovale als Flecken und zeichne das Gesicht ein.

Ankylo-saurus

Beginne mit einem Kreis neben einem Oval für Kopf und Körper.
Füge einen kleinen Schnabel, einen Schwanz und rechteckige Beine hinzu.

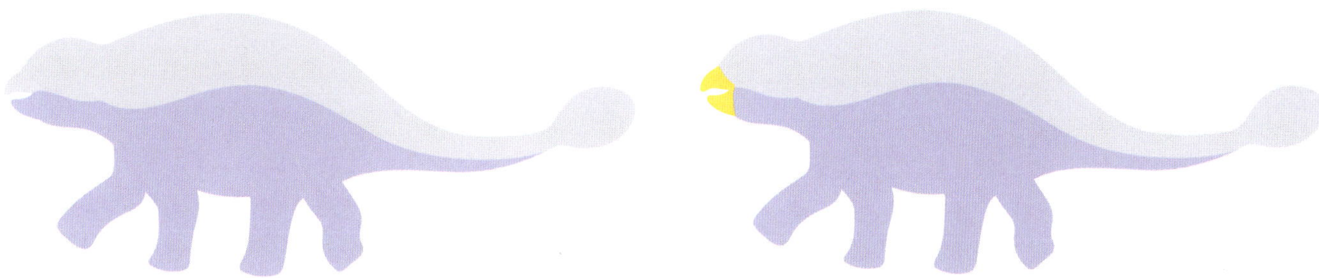

Helle die Oberseite des Dinosauriers auf und füge ein Oval am Ende des Schwanzes hinzu.

Die Stachelreihen auf dem Rücken bestehen aus gebogenen Dreiecken.
Ergänze die Punkte an den Füßen.

Nachwuchs

Male ein Oval mit einer gezackten Spitze und füge kleine Schalenstücke auf dem Boden hinzu. Die dunklen Flecken auf dem Ei sind wie Bohnen geformt.

Vulkan

Die Form des Vulkans ist ein Dreieck mit einer flachen Spitze. Verwende Wellenlinien für die Wolke aus vulkanischem Gas.

Das Dinobaby hat eine rundliche Schnauze und dreieckige Stacheln.
Zeichne dünne weiße Zickzacklinien als Risse auf die Schale.

Male Lava, die aus dem oberen Teil herausspritzt.
Damit es wie eine Explosion aussieht, spritze etwas Farbe.

Die englische Originalausgabe erschien erstmalig 2019 unter dem Titel Painting School bei Walter Foster Jr.

First published in 2019 by Walter Foster Jr., an imprint of The Quarto Group. 26391 Crown Valley Parkway, Suite 220, Mission Viejo, CA 92691, USA.
T (949) 380-7510 F (949) 380-7575 **www.QuartoKnows.com**

© 2019 Quarto Publishing Group USA Inc.
Illustrationen © Tanya Emelyanova, außer Cover Fingerstempel-Motive, Seiten 14–15 (Vögel), 18–19 (Farbtupfer und Pinselstriche), 25 (Doodle Astronaut), und Seiten 26–41 © Shutterstock; Seite 9 (Blumen) © Lisa Martin und Damien Barlow; Seiten 14–15 (Watercolor- und Acryl-Techniken) © Elizabeth Gilbert.

Für die deutsche Ausgabe
PRODUKTMANAGEMENT UND ÜBERSETZUNG: Nele Schlötzer
LEKTORAT: Julia Pietsch
COVERGESTALTUNG: Lena Schmitt
HERSTELLUNG: Sophia Höpfner
SATZ: Arnold & Domnick, Leipzig

Materialangaben und Arbeitshinweise in diesem Buch wurden von der Autorin und den Mitarbeitern des Verlages sorgfältig geprüft. Eine Garantie wird jedoch nicht übernommen. Das Werk und die darin gezeigten Modelle sind urheberrechtlich geschützt. Die Vervielfältigung und Verbreitung ist, außer für private, nicht kommerzielle Zwecke, untersagt und wird zivil- und strafrechtlich verfolgt. Dies gilt insbesondere für eine Verbreitung des Werkes durch Fotokopien, Film, Funk und Fernsehen, elektronische Medien und Internet sowie für eine gewerbliche Nutzung der gezeigten Modelle. Bei Verwendung im Unterricht und in Kursen ist auf dieses Buch hinzuweisen.

1. Auflage 2024
© 2024 frechverlag GmbH, Dieselstr. 5, 70839 Gerlingen,
einem Unternehmen der Penguin Random House Verlagsgruppe GmbH, München
ISBN 978-3-7358-9164-8 • Best.-Nr. 29164
Gedruckt in China

MIX
Papier | Fördert gute Waldnutzung
FSC® C016973

Penguin Random House Verlagsgruppe FSC® N001967

Die Künstlerin

Tanya Emelyanova wurde in Sibirien geboren. Nach ihrem Abschluss in Werbung arbeitete sie einige Jahre in der Marken- und Werbebranche, bevor sie eine Karriere als Illustratorin und Musterdesignerin einschlug, da das Zeichnen und Gestalten schon immer ihre wahre Leidenschaft waren. In ihrer Arbeit kombiniert sie digitale und analoge Materialien, um niedliche und lustige Illustrationen zu schaffen. Tanya lebt gegenwärtig in Spanien mit ihrem Mann und ihrer großen grauen Katze.